AF355737

OEUVRES

DE MONSIEUR
DE BOISSY,

CONTENANT

Son Théâtre François & Italien.

NOUVELLE ÉDITION,

Revuë, corrigée, & augmentée de plusieurs Piéces nouvelles.

TOME QUATRIÉME.

A AMSTERDAM et A BERLIN,

Chez JEAN NEAULME, Libraire.

M. DCC. LVIII.

TABLE

Des Piéces contenuës dans le Tome Quatriéme.

THEATRE ITALIEN.

L'AUTEUR
SUPERSTITIEUX,
PROLOGUE.

ACTEURS DU PROLOGUE.

CLITANDRE, Amant d'Hortenſe.

DAMON, ami de Clitandre.

ARLEQUIN, valet de Clitandre.

UN LAQUAIS d'Hortenſe.

La Scène eſt à Paris, chez Clitandre.

L'AUTEUR
SUPERSTITIEUX,

PROLOGUE.

SCENE PREMIERE.
CLITANDRE, DAMON.

DAMON.

QU I vous fait brufquement quitter ainfi la
table,
    Au milieu d'un repas & d'une troupe
aimable ?
Pouviez-vous être mieux que parmi vos amis,
Et près du tendre objet dont vous êtes épris ?
Toute la Compagnie en a paru choquée ;
Mais Hortenfe, fur-tout, doit en être piquée,
Elle que vous aimez, & qui donne à dîner :
Un procédé femblable a lieu de m'étonner.

CLITANDRE.
Cher ami, c'eft l'effet d'une foibleffe extrême,

A 2

Que je ne puis dompter, dont j'ai honte moi-même,
Dont, à d'autres que vous, mon cœur n'ose parler,
Qu'aux yeux même d'Hortense il a soin de voiler.

DAMON.

Mais, quoi que vous disiez, une telle foiblesse
N'a pas dû vous porter à cette impolitesse
Que la raison, Monsieur, ne sçauroit excuser.

CLITANDRE.

C'est elle, cependant, qu'on en doit accuser;
Et, puisqu'il faut vous faire un aveu véritable,
Nous étions... j'en rougis... nous étions treize à table;
Et l'on nous a servi treize plats à la fois.

DAMON *d'un air railleur.*

Ajoutez qu'aujourd'hui c'est le treize du mois.

CLITANDRE.

Moquez-vous de ma peur, Damon, je le mérite;
Mais elle n'est pas moins la cause de ma fuite.

DAMON.

Se peut-il qu'un Auteur qui veut railler autrui,
Par un foible si grand donne à rire de lui?

CLITANDRE.

Je me suis déja fait les mêmes remontrances;
Mais je suis dans un cas & dans des circonstances,
Où, malgré ma raison, tout allarme mon cœur:
Elles doivent servir d'excuse à ma terreur.

DAMON.

Qui vous inspire donc les frayeurs d'une femme?
Parlés.

CLITANDRE.

Tout ce qui peut tyranniser une ame.

DAMON.

Mais encore?

CLITANDRE.

L'intérêt, la gloire avec l'amour;
Ils m'occupent tous trois : & , dans ce même jour,
On juge mon affaire, on doit jouer ma Piéce,
Et je suis sur le point d'épouser ma maîtresse.
Jugés s'il est quelqu'un en proye à plus de soins.

DAMON.

Je n'ai plus rien à dire. On trembleroit à moins.

CLITANDRE.

Tous mes sens sont émûs d'une façon terrible.
Pour l'intérêt, ami, je suis très-peu sensible.
Si je perds mon Procès, comme je le crois fort,
Je m'en consolerai sans faire un grand effort
Pour l'amour & la gloire, il n'en est pas de mêmes
Tous deux me font sentir leur ascendant suprème ;
Tous deux, d'un feu pareil, enflamment mon desir,
Et font en même-tems ma peine & mon plaisir.
Dans mes sens agités, leur cruelle puissance
Fait succéder la peur, sans cesse, à l'espérance.
Plaire à l'objet que j'aime, & me voir son époux,
Offre à mon cœur sensible un triomphe bien doux ;
Mais la crainte de perdre un bien si plein de charmes,
Y porte, au même instant, les plus vives allarmes.
Par un brillant Ouvrage assembler tout Paris,
Réunir tous les goûts, charmer tous les esprits,
Malgré tous les efforts que tente la Critique ;
Captiver par son art l'attention publique,
Forcer deux mille mains d'aplaudir à la fois,
Et s'entendre louer d'une commune voix,
Presente à mon esprit la plus haute victoire :
D'un guerrier qui triomphe on égale la gloire ;
Mais, si l'honneur est grand, le revers est affreux ;
Du Parterre indigné les cris tumultueux,
Sa fureur qui maudit & l'Auteur & l'Ouvrage ;
La tristesse & l'ennui peints sur chaque visage ;
Tous les brocards malins qu'on vous donne en sortant,
Et votre nom en bute au mépris éclatant.
Le désert qui succéde à la foule écartée,
Accablent, à leur tour, mon ame épouvantée.
Je crains, de deux côtés, d'avoir un sort fâcheux ;
D'être Amant traversé, comme Auteur malheureux.
Le public qu'on ennuye, est un Juge sévére ;
Hortense, quoique veuve, attend l'aveu d'un pere ;
Si mes vœux sont trompés, un autre l'obtiendra :

A 3

Pour surcroît de malheur, ma Piéce tombera;
J'en frémis.

DAMON.

Ah ! Chaſſés une frayeur ſi noire;
Je réponds de l'amour, eſpérés pour la gloire.

CLITANDRE.

Non; j'ai, mon cher ami, des malheurs que je crains;
Trop de preſſentimens & de ſignes certains.
C'eſt peu d'avoir les ſoirs mille terreurs ſecrettes,
D'ouïr hurler des chiens, & crier des chouettes,
De rencontret le jour des Créanciers fâcheux;
Sçachés que cette nuit j'ai fait un rêve affreux :
J'ai ſongé que j'allois m'unir avec Hortenſe
Dans le tems que vers elle un inconnu s'avance,
L'arrache de mes bras, & l'enleve à mes yeux
Sur un char que traînoient deux taureaux furieux :
Je veux les arrêter dans leur courſe fougueuſe,
Quand je tombe au milieu d'une eau ſale & bour-
    beuſe.
Mille confus objets troublent alors mes ſens;
Je prens du poiſſon mort, je ſens tomber mes dents;
J'ai vû mon Procureur boire avec ma Partie,
Puis j'ai vû tout-à-coup jouer ma Comédie :
Le Parterre à mes yeux, les Loges n'ont offert
Qu'un grand vuide effroyable, & qu'un vaſte deſert;
Des luſtres preſque éteints, la lueur ſombre & pâle
Eclairoit triſtement la moitié de la ſale;
Tout le fond du Théâtre étoit tendu de noir,
Et formoit un ſpectacle épouventable à voir.
Je tremble, & je veux fuir à cet objet terrible;
Mais je ſuis arrêté par un bras inviſible :
Pour comble de terreur, cent voix, en même-tems,
Pouſſent autour de moi d'horribles hurlemens;
Sûr ma tête j'entens le tonnerre qui roule;
Sous les pieds des Acteurs le Théâtre s'écroule!
Les luſtres, à l'inſtant, s'éteignent tout-à-fait,
Et mon ſonge finit par trois coups de ſifflet.

DAMON.

C'eſt un vilain réveil, ami, je le confeſſe;
Pour un Auteur ſur-tout dont on donne la Piéce.

CLITANDRE.

Mon eſprit, dans l'horreur dont il eſt travaillé,
Eſt digne d'être plaint, & non d'être raillé.

DAMON.

Vous méritez, Monſieur, les ris de tout le monde;
Et, loin que je vous plaigne, il faut que je vous
      gronde :
Dans votre ame, aujourd'hui, la ſuperſtition
Etouffe du bon ſens juſqu'au moindre rayon;
Des plus fauſſes terreurs vous recevez l'empreinte,
Et croyez un vain ſonge enfanté par la crainte.

CLITANDRE.

Tout ce que vous direz ne ſervira de rien;
Et, pour finir le cours d'un pareil entretien,
Né ſuperſtitieux, je ne ſuis pas mon maître :
Je penſe, comme vous, qu'il eſt honteux de l'être;
Ma raiſon me le dit, mais elle perd ſes ſoins;
J'en ſens le ridicule, & ne le ſuis pas moins.
Contre les préjugés en vain on ſe rebelle :
La ſuperſtition à l'homme eſt naturelle;
Et le hazard malin, pour la fortifier,
Se plaît inceſſamment à la juſtifier.
Je l'ai trop éprouvé dans plus d'une occurrence;
La raiſon ne tient pas contre l'expérience ;
Et votre cœur, peut-être, auroit le même effroi,
Si vous étiez, Monſieur, ſur le point comme moi,
D'attirer du Public la louange ou le bláme,
De perdre ou d'obtenir l'objet de votre fláme.

DAMON.

Mais vous êtes aimé. Dites-moi, pouvez-vous
Avoir pour votre Hymen un préſage plus doux?

CLITANDRE.

En vain par ſa tendreſſe, Hortenſe me raſſure;
Je crains de le former ſous un fâcheux augure.

DAMON.

L'inconnu, cher Clitandre, allarme votre cœur ;
Et je crois, qu'entre-nous, les taureaux vous font peur.

CLITANDRE.

Damon, encore un coup, tréve de raillerie.

DAMON.

Mais vous ouvrez le champ à la plaisanterie.

CLITANDRE.

Sur ce point, j'en conviens, mon esprit va trop loin ;
Et suit trop la frayeur où jette un tendre soin ;
Mais, si dans mes amours je parois moins à plaindre,
Pour ma Piéce avoués que j'ai tout lieu de craindre.
Tant d'exemples fameux que je vois devant moi,
Ne me doivent-ils pas glacer d'un juste effroi ?

DAMON.

Oui ; mais vous m'avez dit que la chose est secrette.

CLITANDRE.

Je vous l'ai dit, sans doute, & je vous le répéte :
Je l'ai lûe aux Acteurs sous le sceau du secret ;
Et nul n'en est instruit, hors vous & mon valet,
Et trois ou quatre Acteurs, amis sûrs, que j'estime.

DAMON.

Vous voilà bien caché ! D'un brevet d'anonime,
La Calotte, Monsieur, doit vous faire present.

CLITANDRE.

Avoir un prête-nom, eût été plus prudent.

DAMON.

A dire vrai, j'y trouve & du pour & du contre.
Un prête-nom bien sûr, rarement se rencontre :
Ces Messieurs, quand l'ouvrage attire & réussit,
Souvent, avec la gloire, emportent le profit.
Selon moi, le plus court & le plus raisonnable,
Est d'oser se montrer sous son nom véritable.
Un Auteur mal caché se fait moquer de lui ;
Et peu, par ce moyen, font fortune aujourd'hui.

SCENE II.

CLITANDRE, DAMON, ARLEQUIN.

CLITANDRE *donnant un soufflet à Arlequin*
qui entre en sifflant.

Tiens, voilà pour t'aprendre à siffler de la sorte.
ARLEQUIN.
Peste! Quand vous frapez ce n'est pas de main-morte!
CLITANDRE.
Je te l'ai défendu cent fois.
ARLEQUIN,
J'ai tort, Monsieur ;
Et j'avois oublié que je sers un Auteur,
Et que l'on represente aujourd'hui votre Piéce :
Je ne tomberai plus dans cette impolitesse.
L'augure vous allarme ; & j'ai...
CLITANDRE.
Tai-toi, faquin.
Quel est donc ce papier que tu tiens dans ta main ?
Dis.
ARLEQUIN.
De votre Avocat, Monsieur , c'est une lettre ,
Qu'un homme, de sa part, m'a dit de vous remettre,
CLITANDRE *prenant la lettre.*
J'ai perdu mon procès , je gage.
(*Il lit.*)
Vous venez , Monsieur , de perdre votre procès.
Qu'ai-je dit ?
Vous le voyez déja, mon songe s'accomplit.
ARLEQUIN.
J'ai rêvé , comme vous, du poisson mort, d'eau sale :
Si la journée aussi m'alloit être fatale ?
Mais elle l'est déja ; je viens d'être battu.

DAMON.

Voyez donc jufqu'au bout.

CLITANDRE.

Je fçai que j'ai perdu.
Du refte de la lettre à quoi fert de m'inftruire ?
Pour moi, fi vous voulez, vous n'avez qu'à la lire.

DAMON.

Très-volontiers.

(Il lit.)

Vous venez, Monfieur, de perdre votre procès, mal-
gré votre bon droit. Tout ce que je puis vous dire, c'eft
que j'ai plaidé comme un Ange.

CLITANDRE.

Le trait eft des plus confolans
Pour un homme qui perd plus de vingt mille francs.

DAMON *pourfuit.*

Tout le monde a trouvé le Jugement ridicule, & a dit
hautement, que, pour n'avoir pas gagné une caufe que
j'avois fi bien plaidée, il falloit que ma Partie fût née
fous une planette bien malheureufe.

CLITANDRE.

Ah, qu'on a bien raifon ! Graces à ma planette,
Je fuis de l'infortune une image parfaite !

DAMON *pourfuit.*

Ce vendredi à deux heures après midi.

CLITANDRE.

Du malheur qui m'arrive, ah ! je fuis peu furpris ;
Rien ne me réuflit jamais les vendredis.

DAMON *reprend.*

J'avois oublié de vous marquer que je foupçonne votre
Procureur d'avoir été d'intelligence avec votre Partie
adverfe.

CLITANDRE.

Oh ! Mon rêve, à ce coup, en plein fe vérifie :
J'ai vû mon Procureur boire avec ma Partie.
Qu'on dife après cela que tout fonge eft menteur ;
Et vous, préfentement, riez de ma terreur :
Dites, du moindre effroi, que je reçois l'empreinte,

Et crois un songe vain enfanté par la crainte.
Démentez ce billet.

DAMON.

Je veux qu'à cet égard,
Votre rêve, Monsieur, ait dit vrai par hazard ;
Vous le trouverez faux bientôt dans tout le reste.

CLITANDRE.

Non, dans ce triste jour, tout va m'être funeste.
Vous me verriez tranquille, & non pas éperdu,
Si mes maux se bornoient à mon procès perdu ;
Mais je regarde en lui les suites qu'il présage :
Il est comme l'éclair qui devance l'orage ;
Il est le noir signal que le Ciel en courroux,
Vient, tout prêt à fraper, de déployer sur nous.
Hortense recevra de fâcheuses nouvelles ;
Mon ouvrage essuyera des disgraces cruelles.
Justifiant l'effroi dont mon cœur est rempli,
Mon rêve en tous ses points va se voir accompli.
Courez dire aux Acteurs, cher ami, je vous prie,
De ne pas aujourd'hui donner ma Comédie ;
Que pour la retarder, j'ai des motifs puissans :
Rendez-moi ce service, & sans perdre de tems.

DAMON.

N'en déplaise aux frayeurs de votre esprit crédule,
Cette commission est par trop ridicule ;
Je ne m'en charge point.

CLITANDRE.

Seulement, dites-leur
De remettre à lundi ; c'est mon jour de bonheur.

DAMON.

Vous vous moquez ; la Piéce est pour ce soir promise :
Au lieu de vous servir, c'est vouloir qu'on vous nuise :
Vous indisposeriez le public contre vous :
Les Acteurs à cela doivent s'oposer tous.

CLITANDRE.

Après votre refus, dans ce péril extrême,
Je sçaurai les trouver, & leur parler moi-même.

A 6

DAMON.

Ah! Vous n'en ferez rien ; & vous n'y fongez pas;
Pour vous en empêcher, je marche fur vos pas.

(Il fuit Clitandre.)

SCENE III.

ARLEQUIN *feul*.

AVec tout fon fçavoir, ah! que mon Maître eft bête!
La frayeur, à la fin, lui tournera la tête.
Elle eft caufe, morbleu! cette folle frayeur,
Qu'il m'a frapé d'un coup que j'ai fort fur le cœur!
Me battre pour fiffler par pure inadvertance!
Que n'en puis-je au Parterre aller prendre vengeance!
A Meffieurs mes pareils pourquoi l'interdit-on ?
Je fifflerois alors, mais fur un joli ton.
Quel plaifir, pour vingt fols, de huer comme un dia-
    ble !
Je rendrois, pour le coup, fon rêve véritable.
Il veut être caché dans cette occafion ;
Mais, pour mieux me venger, je nommerois fon nom,
Et je dirois tout haut : La piéce eft de Clitandre :
Epargnez-vous, Meffieurs, la peine de l'entendre ;
Il croit avoir produit quelque chofe de beau,
Mais l'ouvrage eft un monftre, & l'auteur un bourreau.

SCENE IV.

CLITANDRE, ARLEQUIN.

CLITANDRE.

Damon m'a sçû convaincre, & sa raison m'éclaire;
Mon effroi se dissipe aux traits de sa lumiére:
Sans lui, sans ses conseils, dans mes fausses terreurs,
J'allois, à mes dépens, divertir les Acteurs:
J'aurois, à leurs regards, dévoilant ma foiblesse,
Ajoûté follement une Scène à ma Piéce,
Dont j'allois devenir moi-même le héros:
Je lui dois ma raison, je lui dois mon repos.
C'en est fait, mon esprit ne croit plus au présage:
J'attens presentement le sort de mon ouvrage,
Avec la fermeté qu'un sage doit avoir;
Et, sans trop présumer, je sens un noble espoir:
Je prétens me montrer, quoi que le destin fasse,
Modeste dans ma gloire, ou fort dans ma disgrace.

ARLEQUIN.

Ah! Qu'entens-je? Monsieur, quel heureux changement!
Puissiez-vous persister dans un tel sentiment!

CLITANDRE.

Oui, j'y persisterai. Je suis aimé d'Hortense:
Mes feux vont être heureux, selon toute aparence.
Que me faut-il de plus, armé d'un tel bonheur?
Je puis du sort jaloux défier la fureur.

ARLEQUIN.

Tremblez, Monsieur; j'entens la pendule qui sonne.

CLITANDRE.

Voilà l'heure fatale, & tout mon corps frissonne.

SCENE V.

CLITANDRE, ARLEQUIN, DAMON.

DAMON.

ALlons, courage, ami ; le préfage eft flatteur ;
Votre fonge commence à fe trouver menteur ;
Car vous aurez grand monde à votre Comédie ;
De caroffes, déja, cette rue eft remplie.

CLITANDRE.

Tant pis ; un fi grand monde eft toujours dangereux ;
Le tumulte accompagne un public trop nombreux.

ARLEQUIN.

Ah ! Monfieur, diffipez la peur qui vous domine :
Le foufleur avec qui j'ai bû tantôt chopine,
M'a dit que fur la Piéce il faifoit un grand fond :
Et ; qui plus eft encore, tout l'orcheftre en répond.

CLITANDRE.

Ce fuffrage me donne une affurance extrême.

DAMON.

Mais les Comédiens en répondent eux-mêmes ;
Ils le difent tout haut.

CLITANDRE.

     Que m'annoncez-vous-là ?
Je fuis perdu, Monfieur ; ma Piéce déplaira.
Le malheur fuit toujours les ouvrages qu'on vante ;
L'exemple nous le prouve, & le fort m'épouvante.

DAMON.

Moi, j'efpére, au retour, vous faire compliment ;
Et je cours me placer fans perdre un feul moment.

CLITANDRE.

Allez vîte ; en un jour de combat & de guerre,
On ne fçauroit avoir trop d'amis au Parterre.
De marcher fur vos pas, je ne puis m'empêcher ;
Au fond du Paradis je m'en vais me cacher.

ARLEQUIN.

C'eft l'enfer des Auteurs, qu'un Paradis femblable,
Monfieur.

CLITANDRE *en s'en allant.*

Ce qu'il me dit n'eft que trop véritable.

SCENE VI.

ARLEQUIN *feul.*

S'Il tremble maintenant, ce n'eft pas fans raifon :
Tout brave que je fuis, j'ai pour lui le friffon.
Ce qui prefentement m'allarme davantage,
C'eft qu'il m'a, ventrebleu dépeint dans fon ouvrage :
J'y parois fous mon nom, comme fous mes habits.
Un homme comme moi craint d'être compromis.
Si le nom d'Arlequin, ce nom fi refpectable,
Se voyoit bafoué, ce feroit bien le diable !
Comme la Comédie eft à deux pas d'ici,
Je n'irai pas bien loin pour en être éclairci :
Courons - y de ce pas.... Mais on vient. C'eft mon
          Maître !
O Ciel ! En quel état je le revois paroître ?

SCENE VII.

CLITANDRE, ARLEQUIN.

ARLEQUIN.

Qu'avez vous ?

CLITANRDE.

          Un fauteuil, vîte ; je n'en puis plus !
Mes fens, jamais mes fens ne furent plus émûs.
J'entre à la Comédie, admire mon étoile !

Dans le moment fatal que l'on leve la toile :
Du monde que je vois je suis épouvanté ;
J'entens mugir les flots du Parterre agité :
Je regarde en tremblant tous ces Juges févéres,
Que ne sçauroient fléchir ni brigues ni priéres.
De mon fuplice alors je crois voir les aprêts :
Tous les cris que j'entens me femblent des fifflets,
Quand , pour comble d'effroi , j'aperçois un vieux
    Cuiftre
Dont je n'ai jamais vû le vifage finiftre,
Qu'il ne m'ait annoncé quelque malheur prochain;
Il me fixe des yeux, me montre de la main :
Je lis dans fes regards ma mortelle fentence,
Et veux me dérober à fa noire prefence ;
Mais je fais un faux pas, & culbute en fuyant.
Voilà l'Auteur tombé, dit-il, en me voyant;
C'eft lui, je le connois : je crains que pour l'ouvrage
Cette chûte ne foit d'un funefte préfage.
Ces mots me percent l'ame, & je reviens enfin,
La pâleur fur le front & la peur dans le fein.

SCENE DERNIERE.

CLITANDRE, ARLEQUIN, UN LAQUAIS.

UN LAQUAIS.

Une lettre, Monfieur...

CLITANDRE.

De quelle part vient-elle?
Tu fus toujours porteur de mauvaife nouvelle.

(*Il lit.*)

Mon pere arrive en ce moment,
Il aprouve notre flâme ;
Et , pour époux , j'obtiens l'amant
Qui pouvoit feul toucher mon ame.

Enchanté comme moi d'un aveu si flatteur ,
Clitandre connoit-il l'excès de mon bonheur ?

HORTENSE

Mon cœur est transporté ! Si le public affable
Faisoit à mon ouvrage un accueil favorable ,
Et s'il m'aplaudissoit en cet heureux instant ,
Non , il ne seroit pas de mortel plus content !

ARLEQUIN.

Monsieur , d'un bon succès ce billet vous assure.

CLITANDRE.

Ah ! Mon procès perdu m'est d'un mauvais augure,
Mais , voyons au plûtôt cet objet ravissant ,
Et nous visiterons le parterre en passant.

Fin du Prologue.

ACTEURS.

APOLLON.

THALIE.

LA CRITIQUE.

UN AUTEUR SATIRIQUE.

CHRISANTE, homme singulier.

LA MEDISANCE.

LE VAUDEVILLE.

CORESUS Arlequin.

La Contredanse, le Tambourin, le Menuet, &c.

La scène est au Parnasse.

LA CRITIQUE,

COMEDIE.

SCENE PREMIERE.

APOLLON, THALIE.

THALIE.

EIGNEUR, malgré la brigue & la cla-
   meur publique,
Parmi les doctes Sœurs, vous venez de
   placer
     La juste & la saine Critique :
Elle vient s'établir dans l'Etat Poëtique,
Pour y maintenir l'ordre, & pour le policer.
Je ne sçaurois, pour moi qui préside au Comique,
Et qui tiens de ses traits mon plus grand agrément,
Donner à votre choix trop d'aplaudissement.
Quel bonheur de la voir gouverner le Parnasse,
Elle qui par le Vrai, se régle uniquement,
Et ne fait à personne injustice ni grace !

APOLLON.

Dans le monde on a d'elle une autre opinion ;
Par un injuste effet de la prévention ,
De tout le genre humain on la croit l'ennemie ;
On croit, que sans égard & sans distinction ,
Elle condamne tout par une basse envie.
        Pour détruire les faux portraits
Qu'a fait d'elle, en tous lieux, la noire Calomnie ;
Il faut, aux yeux de tous, qu'elle se justifie,
Et dévoile au grand jour ses véritables traits.
        Chacun viendra lui rendre hommage,
Et la féliciter sur ses honneurs nouveaux.
Elle doit faire voir que son goût toujours sage,
Sçait aprouver le vrai, comme blâmer le faux ;
Qu'elle reprend sans fiel , & que son badinage,
Sans blesser la personne , attaque les défauts.
Elle ne prétend plus , sur-tout, qu'on la confonde
        Avec la Satyre sa sœur ,
        Qui sous son nom s'affichant dans le monde,
        Lui fait partager sa noirceur.
        Elle sent trop qu'il est de son honneur
        De démasquer cette même Satyre ,
        Qui , dans sa maligne fureur ,
        Ne reprend point par le desir d'instruire ,
Mais par le noir plaisir qu'elle prend à médire,
Et de désavouer tous ces Auteurs obscurs,
        Dont la plume anonyme
Jusques sur la Vertu répand ses traits impurs,
Et qu'inspire en secret sa sœur illégitime.
        Je dois moi-même les punir ,
        Et pour jamais bannir, .
        Cette engeance coupable,
Pour la gloire de l'art qu'elle rend méprisable.
        Mais j'en vois un qui paroît en ces lieux :
Par le talent de mordre , il s'est rendu fameux ;
        Son esprit fécond en injures,
Inonde le public d'un torrent de brochures.

THALIE.

C'eſt la Critique aparemment
            Qui l'attire au Parnaſſe ;
Il vient lui faire compliment ;
Je vous laiſſe avec lui.

(Elle s'en va.)

APOLLON.

J'admire ſon au lace !

SCENE II.

APOLLON, UN AUTEUR.

APOLLON.

Parlez. Qui vous conduit dans le ſacré valon ?

L'AUTEUR.

Je me ſuis diſtingué dans votre république ;
            Et je viens, ſçavant Apollon,
            Pour complimenter la Critique ,
            En qualité de nourriſſon.

APOLLON.

Vous êtes bien hardi de prendre un pareil nom ;
            Et de paroître en ma préſence ,
Vous que guident la Haine & la Prévention ;
Qui n'êtes inſpiré que par la Médiſance ,
Dont les écrits remplis de contradiction ,
Tronquent la Vérité , dégradent la Raiſon ;
            A qui la Satyre effrenée
            Dicte tant de faux jugemens ,
            Et dont l'haleine empoiſonnée
Obſcurcit le mérite , & ternit les talens !

L'AUTEUR.

            Ce ſont de petits badinages
            Faits pour égayer mes ouvrages ;
            Et pour divertir le lecteur :
Je croyois par-là même obtenir vos ſuffrages.

APOLLON.

Allez, je méprise un Auteur
Qui n'a pour Muse que l'Envie,
Et dont le mauvais cœur
N'est racheté d'aucun trait de génie.
Sortez de votre erreur,
Et connoissez mieux la Critique:
Contre la Vérité jamais elle n'agit;
Elle veut qu'un Auteur, dans tout ce qu'il écrit,
Censure en galant homme, & non en satyrique
Qui ne respecte rien, & qui mord à crédit.

L'AUTEUR.

Je ne la croyois pas capable de scrupule:
J'ai pensé jusqu'ici qu'elle mettoit son art
A tourner tout en ridicule;
Qu'au mérite réel elle avoit peu d'égard;
Que le succès d'un livre étoit chez cette Dame.
Un droit pour le fronder, fut-il blâmable ou non?
Et qu'elle préféroit une bonne Epigramme
A la plus solide raison.
Pour moi, je l'avoûrai, je ne lis une Piéce,
Que pour en déchirer l'Auteur;
Et jamais je ne goûte un plaisir plus flatteur,
Que lorsque j'emporte la piéce.

APOLLON.

Le charmant petit cœur !

L'AUTEUR.

Là, sans détour, Seigneur;
Parlons de la Critique, & rendons-lui justice:
Son esprit n'est point fait pour abolir le beau;
Elle est, autant que moi? portée à la malice;
Sa main pour rien ne tient pas un flambeau;
Brûler, est pour elle un délice.

APOLLON.

Otez-vous de mes yeux, sortez de l'Hélicon;
Je jure à vos pareils une éternelle haine,
Et vous défens, sous la plus rude peine,
D'oser à l'avenir vous parer de son nom.

Aprenez qu'en tout tems le Vrai feul la tranfporte;
Que jamais aucun fiel n'empoifonne fes traits,
  Et que le flambeau qu'elle porte
  Eclaire & ne brûle jamais.
                    (*L'Auteur s'en va.*)

SCENE III.

APOLLON, CHRISANTE.

APOLLON.

Que demande Monfieur?

CHRISANTE.

                    Je viens voir la Critique,
Pour un deffein qu'il faut que je lui communique.

APOLLON

    Vous pouvez vous ouvrir à moi,
Car elle ne gouverne ici que fous ma loi.

CHRISANTE.

    Seigneur, c'eft ce que je vais faire.
Vous voyez devant vous un homme fingulier:
J'ai le goût excellent, mais très-particulier:
Ce qui plaît au Public, a droit de me déplaîre;
Je blâme conftamment ce qu'il femble eftimer,
        Et j'eftime, au contraire,
    Ce qu'il affecte de blâmer.

APOLLON.

Pourquoi vous écarter du chemin ordinaire?
Et qui peut contre lui fi fort vous animer?

CHRISANTE.

C'eft la droite Equité que jamais il n'écoute:
Conduit par fon caprice, il eft extrême en tout:
Et je viens vous prier de réformer fon goût.

APOLLON.

    Sur le vôtre, fans doute?

CHRISANTE.

Ne penſez pas railler ; tout n'en iroit que mieux,
S'il ſuivoit aujourd'hui mon goût judicieux ;
La raiſon fixeroit ſon eſprit trop volage,
Et lui feroit tenir une route plus ſage ;
On verroit moins d'abus ; la prudence & la paix,
Dans tous les lieux publics, régneroient à jamais ;
Nuls orages, ſur-tout, nuls flots & nuls obſtacles
Ne troubleroient, Seigneur, les tranquilles ſpectacles,
On n'entendoit plus de ſifflets :
L'humanité condamne un inſtrument ſi triſte ;
Je ne m'en ſuis jamais ſervi que contre Inès
Et contre Rhadamiſte.

APOLLON.

Qui vous rend leur antagoniſte ?

CHRISANTE.

Belle demande ! Leur ſuccès.
Le ſentiment commun eſt toujours le mauvais,
Je vous l'ai déja dit, c'eſt pourquoi j'y réſiſte :
Par la même raiſon, je me pique aujourd'hui
D'être le Chevalier des Piéces malheureuſes !
Mes poumons éloquens & mes mains généreuſes
Combattent pour leur cauſe, en dépit de l'ennui ;
Et tout Auteur qui tombe, en moi trouve un apui.

APOLLON.

Voilà des ſentimens tout-à-fait charitables.
Mais, entre nous, mon cher Monſieur,
N'auriez-vous point pitié de vos ſemblables ?
Et du public qui cauſe votre aigreur,
N'auriez-vous pas vous-même éprouvé la rigueur ?

CHRISANTE.

Il m'a bruſqué, Seigneur, une fois en ma vie ;
Mais à la charge il n'eſt plus revenu,
Car je m'en ſuis fort ſagement tenu
A ma premiére Tragédie.

APOLLON.

Je ne m'étonne plus de votre antipathie.

CHRISANTE.

J'ai l'avantage maintenant
De le contrarier sans cesse,
Et de me déchaîner contre son jugement,
Sans redouter sa fureur vengeresse;
C'est pour jouir de ce contentement,
Que je vais à la Comédie.
Critique-t-il ? J'apologie.
Aplaudit-il? Je suis ardent
A faire la contre-partie.
Ce qui me flatte enfin, & qui doit le piquer,
Puisqu'avec vous il faut que je m'épanche,
C'est qu'il n'a jamais pû qu'une fois m'attaquer,
Et qu'il me donne, lui, tous les jours ma revanche.

APOLLON.

Vous n'êtes pas ingrat, je puis vous l'attester;
Vous lui rendés, Monsieur, ce qu'il peut vous prêter,
Sans vous donner le soin de rimer & d'écrire,
Vous n'avez qu'à parler & qu'à vous presenter,
Pour mériter d'abord les traits de sa satyre.

CHRISANTE.

Vous avez beau, dans ce moment,
Prendre sa cause en main à mon desavantage,
J'ai là dans mon cerveau le dessein d'un Ouvrage
Qui vous fera bientôt changer de sentiment.
Vous l'allez aplaudir, je gage :
Son titre seul m'est d'un bon pronostic.

APOLLON.

Quel est donc ce dessein digne de mon suffrage ?

CHRISANTE.

C'est la Critique du Public :
Ses écarts démontrés par sa propre conduite,
Par son peu de lumiére, ou son peu d'équité,
Et son infaillibilité
Totalement détruite;
Par tous ses jugemens pleins de prévention,
D'erreur, de contradiction;
Par ses gestes & dit, qui n'ont ni fin ni suite.

Tome IV.   B

APOLLON.

Le projet eſt nouveau ! Mais , voudriez-vous bien
Me détailler & m'aprendre
Ce que dans le Public vous trouvez à reprendre,
Soit dans ſes actions , ou dans ſon entretien ?

CHRISANTE.

Mille travers , mille bévûes ,
Son goût pour le clinquant dont il eſt le ſoutien ;
Et pour la nouveauté qu'il porte juſqu'aux nues ,
Ou qu'il met au-deſſous du rien ;
Car jamais il ne garde un milieu raiſonnable :
Chez lui tout eſt divin , ou tout eſt miſérable :
Sa fureur pour la mode & pour tout charlatan :
Tous les uſages fous dont il eſt Partiſan ;
Toutes ſes politeſſes fades ,
Ses viſites , ſes embraſſades ,
Et ſes ſaluts du premier jour de l'an ;
Du Carnaval ſes maſcarades ,
Du mardi-gras ſon tranſport Calotin ,
Et ſon air ſot le lendemain :
Son exercice aux Thuileries ,
Ses caracols , ſes lorgneries ;
Aux ſpectacles ſes flots , ſes vertiges fréquens ;
Ses battemens de mains donnés à contre-tems ;
Toutes ſes moucheries ,
Ses bâillemens , ſes crachemens ,
Aux endroits les plus beaux , les plus intéreſſans ;
Son ridicule étrange
De recevoir avidement
La plus inſipide louange ,
Et d'aplaudir toujours le banal compliment ,
Qu'on lui retourne inceſſamment ;
Sa rage opiniâtre
De crier preſqu'à tout moment ,
Place aux Dames , place au Théâtre ;
Parlés plus haut ; l'habit noir , chapeau bas ;
Paix. Monſieur l'Abé , haut les bras :
Annoncés ; *bis ;* la capriole :

Et pour tout dire, enfin, l'insuportable rôle
Qu'il fait, dès qu'au Parterre il se trouve pressé,
Ce qui révolte l'ame, & fait hausser l'épaule
A tout homme de goût, à tout homme sensé.

APOLLON.

Vous peignez-là la multitude,
Mere du tumulte & du bruit,
Que n'arrête aucun frein, que l'exemple séduit;
Qu'entraîne la coûtume ou l'aveugle habitude,
Et non le vrai Public que la raison conduit,
D'où part ce grand corps de lumiére,
Qui me guide moi-même, & sans cesse m'éclaire:
Ce Public, en un mot, avec choix assemblé,
Tel qu'on le voit paroître
Aux jeux d'un Théâtre réglé,
Quand il écoute en sage, & qu'il prononce en maître
Ses arrêts qui le font si dignement connoître,
Et dont nul, avant vous, n'a jamais apellé.

CHRISANTE.

Vous nous representés une belle chimére:
Le Public que nous connoissons,
Tient justement un chemin tout contraire;
Et pour en apeller, j'ai de bonnes raisons,
Quand dans sa fougue extrême
Il juge sans entendre & s'instruire du fond,
Et qu'il se contredit à chaque instant lui-même
Par ses oui, & par ses non.
Je porte ici de quoi prouver la chose:
Tenés, lisés, sans attendre plus tard,
Vous verrez qu'il aprouve ou condamne au hasard.
Et sans connoissance de cause.
La Liste que voilà
Montre son injustice,
Sa legéreté, son caprice,
Et son goût dépravé, qui toujours l'emporta.

APOLLON lit:

Piéces que le Public a sifflées, & qu'il devoit aplaudir.
LE CHEVALIER BAYARD.

C H R I S A N T E.

Il l'a condamné fans l'entendre ,
Ce généreux Bayard qu'on nous a peint fi tendre ,
Et fi plein d'amitié.
Il l'a profcrit fans aucune pitié
Pour les vertus de l'aimable Julie.
Sans nul égard pour le brave Montfort ,
Qui d'abord quoiqu'aimé , par un fublime effort
A Bayard céde fa maîtreffe ,
Et prend en même-tems , par un trait de Nobleffe
Et plus grand & plus fort ,
Tout l'argent du convoi que fon rival lui laiffe.
Sans refpecter enfin dans fon tranfport
Madame Marc , la bonne amie
De ce pauvre Saint Pol que j'aime à la folie ,
De rage contre lui , j'en fuis tout tranfporté.
A P O L L O N.

Sçachez que le Public juftement révolté ,
A profcrit dans Bayard un monftre drammatique ,
Dont on n'admire plus que fon premier renom ,
Où , fans intéreffer , tout choque la raifon ,
A qui l'on fait honneur d'en faire la critique.
(*Il lit.*) E R I G O N E.
C H R I S A N T E.

Voyons un peu comment , & par quelle couleur
Vous pourrez du Public excufer la rigueur ,
Pour cette Reine infortunée ,
Prefque en naiffant abandonnée ?
A P O L L O N.

Sa conduite pour elle eft pleine d'équité.
Au fecond Acte il a rendu juftice ,
Aplaudiffant à fa beauté.
C H R I S A N T E.

C'eft ce qui prouve fon caprice ,
Et qui fait voir le mauvais goût qu'il a
De préférer cet Acte-là ,
Qui n'eft qu'un r'habillage
D'Heraclius , d'Amafis , de Cinna.

APOLLON.
Mais le dernier est pis que tout cela.
CHRISANTE.
C'est justement le plus beau de l'Ouvrage;
Le bon cœur & l'honnêteté
En font par-tout la base.
On y voit la vertu régner dans chaque phrase.
Erigone & Nerée offrent en vérité
Un combat de civilité,
Qui doit toucher les belles ames;
Pour moi, je n'ai pû voir, sans en être enchanté,
La politesse de ces Dames,
Qui font assaut de compliment,
En se renvoyant la couronne.
L'une la quitte galamment
L'autre fait des façons pour s'asseoir sur le Trône
Qu'on lui presente poliment.
Voilà, Seigneur, voilà de ces traits qui font rire
Le Public d'aujourd'hui faussement délicat.
Pour moi, je les admire.
Et je trouve charmant ce qu'il trouve si plat.
APOLLON.
C'est pour le contredire.
(Il lit.)
Piéce que le Public a aplaudie, & qu'il devoit siffler.
LE GLORIEUX.
CHRISANTE.
C'est ici que je vous attends,
Je vous défie en ces instans,
De me justifier sa grande réussite.
APOLLON.
Il a le succès qu'il mérite.
Et le Public par-là, vous fait voir hautement....
CHRISANTE.
Le comble de l'égarement,
D'aplaudir un pareil Ouvrage,
Dont le Héros n'est qu'un plat personnage,
Copié d'après l'Important,

B 2

Et choquant de toute maniére ;
Avec sa maîtresse insolent,
Malhonnête homme envers son pere ;
C'est le plus mauvais caractére.

APOLLON.

Tout est sauvé par l'art d'avoir sçû l'assortir :
Ses contrastes le font sortir,
D'une façon brillante & singuliére.

CHRISANTE.

Oh, vous avez raison !
L'art de la Piéce est grand, & la conduite exacte ;
Car l'exposition,
Ne s'en fait qu'au quatriéme Acte.
Quant à l'intrigue, elle est neuve vrayement ;
Une reconnoissance en est le fondement :
Oh le beau nœud de Comédie,
Qu'un lieu commun de Tragédie
Qui fait pleurer les gens !
Et l'heureux dénouement de Piéce,
Que celui qu'on a vû dans plus de vingt Romans !
Encore y prenoient-ils six francs !

APOLLON.

N'importe, il intéresse.
Le Public dépouillant sa rigueur à propos,
En faveur des beautés a fait grace aux défauts ;
Et, tout pesé dans la balance,
Il n'a pû refuser son aplaudissement
A qui l'a sçu divertir noblement ;
Et dans la bienséance.

CHRISANTE.

Et dans la bienséance ? Ah ! le trait est fort bon !
Et comment nommez-vous la proposition
Que Lisimond fait à Lisette,
A qui jusqu'au valet chacun conte fleurette,
De lui meubler une maison ?
Vous nous vantez les mœurs, la chose est sans égale !
D'un ouvrage qui peint le vice tout à nu,
Et qui précisément ouvre par le scandale.

APOLLON.

Mais il finit par la vertu.

CHRISANTE.

Adieu, Seigneur, adieu, je quitte la partie,
Après un pareil trait,
Le Public me révolte ; & qui le justifie,
Ne peut être mon fait.

APOLLON.

Vous êtes fort le nôtre, & je vous certi
Que pour la raillerie,
On ne sçauroit trouver un plus heureux sujet
Ne craignez pas avec votre projet,
Que la Critique vous oublie.

CHRISANTE.

Je sçai qu'à nos dépens, chargeant notre portrait,
Vous allez divertir le peuple Poëtique ;
Tirer sur les passans fut toujours votre tic :
Mais aprenez, Monsieur le Dieu caustique,
Que qui se moque du Public,
Se moque aussi de la Critique,
Et d'Apollon & de toute sa clique.

(Il s'en va.)

SCENE IV.

APOLLON *seul.*

Son ridicule est sans égal ;
Tout singulier qu'il est dans sa folie,
C'est pourtant un Original,
Qui dans Paris a plus d'une Copie.
La Critique paroît : c'est elle, je la vois,

S C E N E   V.

A P O L L O N,   L A   C R I T I Q U E.

ARLEQUIN.

Venez, juste Critique, il est tems qu'au Parse
        Vous fassiez respecter mes loix ;
De vos faux nourrissons j'ai confondu l'audace :
Je vous ai fait connoître en proscrivant leur race.
        Justifié mon choix,
        Dans le haut rang où je vous place ;
Et donnez le précepte & l'exemple à la fois.

LA CRITIQUE.

Pour mériter, Seigneur, tous les suffrages,
Et remplir dignement ces pénibles honneurs,
Je tâcherai d'instruire en censurant les mœurs ;
        Et ne reprendrai les Ouvrages,
        Que pour éclairer les Auteurs.

(Apollon s'en va.)

S C E N E   VI.

L A   C R I T I Q U E,   L A   M E D I S A N C E.

LA MEDISANCE.

Madame, je prens part, comme votre parente,
        A votre fortune brillante.

LA CRITIQUE.

Pardon, j'ai de la peine à remettre vos traits,
        J'ai beau vous regarder de près.

LA MEDISANCE.

J'ai pourtant avec vous assez de ressemblance,
        La Critique ne dévroit pas.

Méconnoître la Médisance ;
Et de moi, dans le monde, on fait assez de cas,
Pour m'avouer d'abord sans nulle répugnance.

LA CRITIQUE.

Si je vous méconnois, il n'est pas surprenant ;
Le chemin que je tiens est différent du vôtre :
La Raison & le Vrai me guident constamment ;
Et vous plaisez le plus souvent,
Aux dépens de l'un & de l'autre.

LA MEDISANCE.

Vous, si vous m'imitiez, vous feriez sagement.
Par la vérité trop sincére,
On est presque toujours assuré de déplaire ;
Et l'on ennuie indispensablement,
En suivant trop exactement
Les pas de la Raison sévére.
C'est le trop de franchise avec l'austérité,
Qui vous rend le fléau de la société.
Vous n'avez point de politique ;
Je suis autant que vous mordante & satirique :
Mais je préviens d'abord par mon air séducteur.
Je sçai, pleine d'adresse,
Colorer mon poison avec délicatesse :
Par l'art que j'ai de flâter l'auditeur,
Je couronne toujours ma victime de fleurs,
Et l'égorge avec politesse.

LA CRITIQUE.

Il est vrai que j'agis avec plus de rudesse ;
Aux auditeurs je ne tends point d'apas ;
Et devant eux je dis ce que je pense.
Ma langue n'a pas la prudence,
De ne percer que ceux qui n'y sont pas.

LA MEDISANCE.

C'est par cette conduite & mes façons polies,
Que je me vois reçûe avec empressement
Dans les meilleures compagnies ;
J'en fais tous les plaisirs & tout l'amusement ;
Je porte avec moi l'enjoûment,

B 5

Et réveille par mes faillies.
Par exemple, je fors d'un cercle maintenant,
Où j'ai trouvé d'abord en arrivant,
Les Hommes affoupis, les Dames endormies.
Faifant fur un fopha des nœuds nonchalamment,
Une Coquette affez jolie,
De fa parure ennuyoit fon amie,
Qui fommeilloit en l'écoutant.
Une prude enrageoit, & parloit de la pluie :
Un Officier barbon jurant entre fes dents,
Contre l'extrême difette
Des nouvelles du tems,
Déploroit de la paix les malheurs éclatans,
Qui faifoit tomber la Gazette
Faute d'événemens,
Et réduifoit les braves gens
A raifonner cornette.
Dans un miroir un jeune Préfident,
Se contemploit fort amoureufement :
Et redreffant fon encolure,
Converfoit agréablement,
Avec fa longue chévelure,
Qu'il rajuftoit en fredonnant.
Et pour achever la peinture,
Un Marquis tout brillant
Et tout chamaré de dorure,
Dans un fauteuil étendu poliment,
S'amufoit en fifflant,
A lire le Mercure.
LA CRITIQUE.
Vous peignez admirablement.
LA MEDISANCE.
Toute cette Troupe réunie,
S'ennuyoit mutuellement ;
Aucun d'eux n'avoit le génie
De ranimer la converfation
Et d'amufer la compagnie :
Tout le monde, en un mot, bâilloit à l'uniffon.

Je parois ; ma préfence
D'abord du cercle entier fixe l'attention.
Je décoche (admirez l'effet de ma puiſſance !)
Je décoche en riant un trait de ma façon,
Qui peint un homme abſent de notre connoiſſance :
De ma bouche le trait eſt à peine parti,
Qu'il répand la chaleur dans toute l'aſſemblée ;
L'on badine, l'on cauſe, on n'eſt plus aſſoupi,
Dans tous les cœurs la joïe eſt réveillée ;
Chacun dit ſon bon mot , & médit à l'envi :
Je triomphe dans la mêlée,
Par un raffinement de malice nouveau ;
Et profitant de leur yvreſſe,
Je leur débite un conte, où mon adreſſe,
Sous des noms empruntés , fait leur propre tableau ;
Sans qu'aucun d'eux s'y reconnoiſſe :
On m'interrompt par mille ris ;
A peine, en éclatant, permet-on que j'acheve !
Je ſuis charmante, je ravis,
Juſqu'aux Cieux on m'éleve :
J'avoue, en ces momens flâteurs,
Que rien n'eſt comparable à mon bonheur ſuprême ;
Je me fais des amis de tous mes auditeurs,
En goûtant le plaiſir de médire d'eux-même.

L A   C R I T I Q U E.

Je ſuis au déſeſpoir, moi qui ſuis ſans noirceur,
Qui ſeulement exerce ma cenſure,
Pour rendre le monde meilleur ;
Et ne montre jamais d'aigreur
Que contre le faux goût, le vice & l'impoſture,
Je n'ai pas le même bonheur.
On me fuit, on me redoute :
Avec répugnance on m'écoute ;
Et l'on traite ma candeur,
D'eſprit cauſtique & de mauvaiſe humeur ;
Tandis que , pleine d'artifices,
Par le plaiſir de nuire exerçant vos malices ;
Et de vos traits parés de fleurs & de rubans ,

Perçant fous main les plus honnêtes gens ;
De l'Univers entier vous faites les délices,
Et recevez mille aplaudiffemens.
Non, cela me dépite ;
Et plus j'y fonge, & plus mon efprit s'en irrite.
LA MEDISANCE.
C'eft votre faute auffi, pourquoi vous avifer
De reprendre les gens & de moralifer ?
On hait le ton pédant dans le fiécle où nous fommes.
Renoncez à l'honneur de corriger les hommes ;
Pour gagner leur efprit & pour les maîtrifer,
Faites comme je fais, ne fongez qu'à leur plaire,
Et qu'à les amufer.
Dépouillez-moi cet air févére ;
Et dans le grand monde aujourd'hui,
Venez avec moi vous répandre,
Y puifer l'agrément qu'on ne prend qu'avec lui :
Et quittez-moi fans plus attendre,
Votre Hélicon, le féjour de l'ennui.
Les Mufes & Phœbus, je vous parle en amie,
Sont la plus fotte compagnie
Qu'on puiffe fréquenter,
N'en déplaife à leur beau génie ;
Qu'on a grand tort de nous vanter.
Votre Apollon n'a que fes vers en tête.
Tirez-le de la rime, il eft fot, emprunté,
Fait mille quiproquos dans la fociété :
Et je ne vis jamais un Dieu d'efprit fi bête,
Clio, la lunette à la main,
En voulant parcourir le féjour du Tonnerre,
Fait mille faux pas fur la terre,
Et s'écarte du grand chemin.
Euterpe avec fon chien & fa flûte champêtre,
Ne fait plus qu'affadir par fes vieilles chanfons,
Et n'eft bonne qu'à mener paître
Ses geniffes & fes moutons.
Melpomène fatigue avec fes confidences,
Et défefpére par fes pleurs ;

Le Public aujourd'hui qui rit de ses souffrances,
    Est rebattu de ses clameurs,
    De ses songes, de ses terreurs,
Rassasié de ses sermens, de ses fureurs,
    De ses oracles pleins d'horreurs,
    Et de ses cruelles vengeances :
Pour moi, son seul mouchoir me donne des vapeurs,
    A la faveur de la Satire,
Thalie a le secret de nous mieux réveiller :
Mais par malheur pour elle, & puisqu'il faut tout dire,
    Son devoir est de faire rire,
Et son destin, souvent, est de faire bâiller,
Pour votre plaisir propre, & pour celui des autres,
    Partons ensemble croyez-moi,
Nous vivrons comme sœurs & dans la bonne-foi :
Vous sçaurez mes secrets, & me direz les vôtres,
Nous mordrons en commun. Vos talens joints aux
    nôtres,
    Soumettront tout à notre loi,
Et nous serons du monde, & l'amour & l'effroi.

          L A C R I T I Q U E.
    Par vos discours vous êtes séduisante,
Votre air est engageant, & votre abord enchante,
    Avec peine l'on s'en défend ;
    Et vous êtes charmante
    A ne voir qu'en passant ;
Mais à l'user, la chose est différente ;
    Et pour cause, entre nous,
Vous me dispenserez de faire choix de vous
    Pour mon amie, & pour ma confidente.

          L A M E D I S A N C E.
Eh, pourquoi, s'il vous plaît ?
          L A C R I T I Q U E.
          Pourquoi ? belle parente,
    C'est que sous un air prévenant,
    Vous êtes fausse & méchante ;
Que vous ne caressez les gens si tendrement,
Que pour mieux exercer contre eux, en les quittant,

Votre langue mordante.
Vous le voyez, je parle franchement :
Dans l'art de déguifer je fuis très-ignorante ;
Et pour faire de vous ce portrait reffemblant,
Je n'attens pas que vous foyiez abfente.

LA MÉDISANCE.

Quoi que vous me difiez, & malgré vos refus,
J'aime votre perfonne, & j'ai pour vos vertùs
Une eftime infinie ;
Vous n'avez point de plus parfaite amie :
Si vous fçaviez les tendres fentimens

(à part.)

Que j'ai pour vous… (comme je mens !)
Vous auriez de mon cœur une meilleure idée ;
Vous feriez cas fur-tout de ma fincérité.

LA CRITIQUE.

Oh ! je fuis très-perfuadée
De votre cordialité.

LA MÉDISANCE.

Adieu, Critique aimable, à regret je vous quitte ;
Et je vais, en tous lieux, prôner votre mérite,
Et célébrer votre candeur.

(bas en s'en allant.)

Quelle prude fauvage ! Ah ! je brûle
D'arriver à Paris pour foulager mon cœur,
Et la tourner en ridicule.

SCENE VII.

LA CRITIQUE, LE VAUDEVILLE.

LE VAUDEVILLE.

A I R. *Souffrez que je dreffe.*

Votre régne aimable :
Critique agréable,

Votre régne aimable
M'attire en ces lieux :
Daignez à mes vœux
Vous montrer favorable :
Votre régne aimable
M'attire en ces lieux.

LA CRITIQUE *récite.*

Ayez la bonté de m'aprendre
Qui vous êtes premiérement,
Beau chanteur qui venez me rendre
Visite si gayment ?

LE VAUDEVILLE.

Je suis, ma belle Reine,
Flon, flon, larira dondaine,
Un Dieu plaisant & gai gai
Larira dondé,
Soumis à votre empire,
Ta la rari ta la ra rire,
Et dans la nouveauté couru
Lanturlu, lanturlu.
A la Cour, à la Ville,
Je célébre Jean Gille ;
Et de Bacchus & de l'Amour,
La nuit & le jour
Je chante la, la, la, la, la,
Je chante la Folie.
J'amuse, tour à tour,
La laide & la jolie,
L'homme d'esprit & le nigaut,
La mirtan plan lantirelarigaut.
Par mes tourelourirettes
Je mets en train les fillettes,
Et je leur fais faire un saut,
Deux sauts.
Ma puissance est entiére,
Tout le long de la riviére ;
Et je mets tout, dans mes airs fous,
Sans dessus dessous,

Sans devant derriére :
Mon caprice eſt mon ſeul roi,
Et toute la terre eſt à moi.
　　　LA CRITIQUE *récite.*
A ce langage, à ces refreins,
Je reconnois le Vaudeville,
Qui fait les plaiſirs de la Ville,
Et l'ame de tous les feſtins.
　　LE VAUDEVILLE *chante.*
　　A I R. *Tu croyois en aimant Colette.*
Oui, de Comus que je fais rire,
Je fuis le plus cher favori.
　　　　LA CRITIQUE.
Je ne m'étonne plus, beau ſire,
Si vous êtes ſi bien nourri.
　　　(*Elle récite.*)
Mais dans ces lieux quel ſujet vous améne ?
　　　LE VAUDEVILLE.
　　A I R. *Quel plaiſir de voir Claudine.*
C'eſt mon penchant qui m'entraîne,
　　Madame, vers vos attraits,
　　Daignez annoblir ma veine,
　　Et me prêter tous vos traits.
A I R. *La bonne avanture o gué des trois Couſines.*
　　Comme vous du monde entier
　　　　Je fais la cenſure,
　　Mon plaiſir & mon métier
　　Sont toujours de publier
　　　　La bonne avanture,
　　　　　O gué,
　　　　La bonne avanture.
　　A I R. *Quand le péril eſt agréable.*
Je fais ſeul l'étude profonde
Des jeunes Robins d'à-preſent, ı
Et tout le ſçavoir éminent
　　Des Abbés du grand monde.
　　A I R. *Le Ciel béniſſe la beſogne.*
De ces Meſſieurs le plus ſouvent

C O M E D I E.
L'efprit eft un recueil vivant
De mes chanfons les plus badines.
LA CRITIQUE.
Pour ne pas dire libertines.
LE VAUDEVILLE *récite.*
Tout couplet de ce genre eft d'un fel enchanté ;
Dans un repas aimable
Il eft toujours le plus goûté.
LA CRITIQUE.
Mais du beau fexe il n'eft point écouté.
LE VAUDEVILLE *chante.*
AIR, *On paffe les nuits à table.*
Que chanté d'un air aimable
Il faffe rougir fa fierté,
Voilà la fable :
Mais qu'il en fourie à table,
Que fon goût en foit flatté,
Voilà la vérité.
LA CRITIQUE.
AIR, *Pour paffer doucement la vie.*
Oh ! Je vous trouve condamnable
En ce point-là précifément :
Vous rendez le vice agréable,
En lui prêtant votre enjoûment.
(*Elle récite.*)
Il faut pour plaire même au grand nombre de femmes
Qui ne fçauroient vous chanter fans rougir,
Vous corriger & m'obéir.
LE VAUDEVILLE.
Me voir employé par les Dames
Fait mon plus grand plaifir.
(*Il chante.*)
AIR, *L'aufiére Philofophe.*
Oui : ma gloire véritable,
Et mon triomphe certain
Eft quand leur bouche adorable
Me chante, le verre en main :
A mes couplets tous leurs charmes

LA CRTIQUE,

Semblent s'imprimer soudain ;
L'Amour alors n'a point d'armes
Plus sûres que mon refrein.

LA CRITIQUE. *récite.*

La table fut toujours votre champ de bataille,
Et le fils de Vénus votre Dieu favori.

LE VAUDEVILLE.

Pour l'honneur de ce Dieu , dont je suis fort chéri ;
Il est vrai toujours je travaille ;

(*Il récite.*)

Selon l'objet , selon l'occasion ,
Je fais adroitement changer d'air & de ton :
Je prens ce dernier pour mon guide ;
Car soit caprice , ou soit raison ,
Dans le monde toujours ; c'est le ton qui décide.
Si je veux , par exemple , enflâmer un tendron
Encore novice & timide ,
Ma voix lui glisse ainsi doucement son poison.

(*Il chante.*)

AIR, *D'un Zéphir mutin.*

Voyez un Amant
D'amour tout ardent ,
Dont votre air enchanteur
S'est rendu vainqueur ;
Fixez vos beaux yeux
Sur les miens plein de feux ,
Dans un combat si doux ,
Engagez-vous ,
Que ma flâme
Dans votre ame
Porte mes brûlans soupirs ;
De ma peine ,
Belle Reine ,
De tous mes desirs
Faites des plaisirs.
Voyez un Amant ,

(*Il récite.*)

Si je rencontre en mon chemin

Une Beauté plus aguerrie,
Et dans le grand monde nourrie,
Je prends alors un ton plus vif & plus badin ;
Et , fans perdre le tems en des difcours frivoles,
Voici comment je change d'air foudain ,
Sans changer de paroles.
(*Il chante.*) A I R , *Laiffons-nous charmer.*
Voyez un Amant
D'amour tout ardent ,
Dont votre air enchanteur
S'eft rendu vainqueur ;
Fixez vos beaux yeux
Sur les miens pleins de feux ,
Dans un combat fi doux
Engagez-vous :
Que ma flame ,
Dans votre ame
Porte mes brulans foupirs ;
Que ma peine ,
Belle Reine ,
De tous mes defirs
Faites des plaifirs.
Voyez un amant , &c.
L A C R I T I Q U E *récite.*
Vous êtes , je l'avoue , un dangereux fripon ,
Monfieur le Vaudeville :
Moi-même , en cet inftant , féduite par le ton ,
J'ai peine à vous entendre avec un cœur tranquille.
L E V A U D E V I L L E.
Ah ! Vous avez raifon
D'être fenfible à ma chanfon.
(*Il chante.*)
Pour plaire à vos yeux je me tourne, tourne, tourne,
Je me tourne de tout côté.
L'air que je tourne & je retourne,
C'eft pour vous que je l'ai chanté.
Vers votre amant
Votre bel œil fe tourne,

Tourne tendrement,
Qu'un doux baiser.... encore que j'y retourne.

LA CRITIQUE.

N'y retournez plus vraiment.

LE VAUDEVILLE.

Air, *Chantez petit Colin.*

Ce baiser innocent,
Cette faveur légere,
Ce baiser innocent
De votre cœur m'est-il garant ?

LA CRITIQUE.

La Critique est sincére,
Vous avez sçû me plaire,
Puisque je le dis,
Vos airs, quoique pris,
Charment mes esprits.

LE VAUDEVILLE.

Air, *Premier Menuet.*

Quelle douceur
Dans mon cœur
Vient répandre un aveu si flatteur !
Quelle douceur
Dans mon cœur
Répand mon bonheur !
De votre sel piquant
Naît mon agrément ;
Pour unir leurs traits
Nos esprits sont faits ?
Comblez mes souhaits :
Je vous adore & je vous plais.

Air, *Second menuet.*

Votre amour, quand on lui plaît,
Se tait,

LA CRITIQUE.

Qui se taît, communément,
Se rend.
Notre gloire est d'être unis :
Vous deviendrez plus sage ;

Ecoutant mes avis ;
Et vos airs réjouïssans ;
Vos chants,
Vont me rendre moins sauvage.
Tous deux nous allons unir
L'enjoûment aux leçons, la sagesse aux plaisirs.
LE VAUDEVILLE.
AIR, *Troisiéme Menuet.*
O journée
Douce & fortunée !
Que de biens à ces lieux
Promettent ces beaux nœuds !
Que d'ouvrages
Hardis, piquans, mais sages ;
De traits heureux,
De badinages,
De jeux,
D'airs fameux,
Vont naître de nous deux !
O journée ! &c.
LA CRITIQUE *récite.*
Quels sons réveillent les Echos ?
C'est Corésus. De loin je croi le reconnoître ;
Pour nous unir vraiment il arrive à propos,
Car de Bacchus il est Grand-Prêtre.
Il faut l'un & l'autre, aujourd'hui,
Employer l'ironie,
Pour nous moquer plus joliment de lui.
LE VAUDEVILLE.
Taupe à la raillerie.

SCENE VIII.

LA CRITIQUE, LE VAUDEVILLE, ARLEQUIN.

On joue la Marche de Coréſus, ſur l'air, Faites décroter vos ſouliers.

LA CRITIQUE & LE VAUDEVILLE.

AIR, *de Couprin.*

DE Coréſus
Chantons la gloire,
Chantons en chorus
Ses airs à boire ;
Tous ſes rigaudons,
Ses cotillons.

LA CRITIQUE.

Propre, ajuſté,
En vérité,
Il eſt tout fait pour charmer les plus fiéres ;
Calliroé
A d'ailleurs des maniéres,
Et tout ſon train à neuf eſt remonté.

LE VAUDEVILLE.

Suivant de Phaëton l'exemple,
Il a fait l'achat d'un beau Temple :
Hélas ! Ce ſont tous frais perdus !
De Coréſus
Chantons la gloire,
Chantons les vertus,
Chantons les Prêtres de Bacchus ;
Chantons leurs chanſons à boire,
Leurs ſaluts périlleux,

COMEDIE.

Armés de feux,
En rond ils danfent tous entr'eux,
Jufqu'à fe brûler les cheveux.
De Coréfus
Chantons la gloire,
Et les vertus.

ARLEQUIN *récite.*

Mais, Seigneur. Mais, Madame...

LE VAUDEVILLE *chante.*

AIR, *Un Préfet beau, bien fait.*

On trahit vos ardeurs......

ARLEQUIN *récite.*

Eſt-ce pour infulter au dépit qui m'enfiâme ?

LE VAUDEVILLE *reprend.*

On trahit vos ardeurs :
Mais le Dieu des Buveurs
Exauce toutes vos fureurs ;
Par un vin infernal,
Il caufe un baccanal
Brutal,
Qui devient général ;
Il rend les peuples fous,
Ils s'entr'égorgent tous :
O ! courroux furprenant !
Qui pour objet de fa vengeance,
Prend l'innocent :
Votre noble tranfport
Punit qui n'a pas tort ;
Et généreux pour qui l'offenfe,
Sauve Agenor.

ARLEQUIN *récite.*

De m'exalter ainfi, finiffez, je vous prie ;
Et daignez m'écouter.

LA CRITIQUE.

Vous avez trop de modeftie.

ARLEQUIN *chante.*

AIR, *Des fraizes.*

Piqué contre tout Paris,

LA CRITIQUE,

Je viens de son caprice,
Et de ses cruels mépris,
Vous demander à grands cris
Justice, justice, justice.

(Il récite)

Rien n'égale l'horreur de mon chagrin cuisant ;
Je charmois autrefois, & j'ennuie à présent.
Ramenez le bon goût, & vengez mon injure.

LE VAUDEVILLE.

Ture lure.

ARLEQUIN *chante.*

AIR, *des Pendus.*

Solitaire, triste, confus,
Je m'en vais sur l'air des pendus,
Vous réciter ma décadence.

LA CRITIQUE.

Seigneur, parlez-moi de la danse,
Et tréve de récitatif,
Il est par trop soporatif.

ARLEQUIN.

AIR, *Quand on a prononcé..*

Je veux me plaindre   en vain vous m'imposez silence.

LE VAUDEVILLE *lui coupant la parole.*

AIR, *Dans nos champs.*

D'une voix
Chacun admire
Et desire
Le beau pas de trois.
Plus légeres
Qu'un vent flateur,
Deux Bergeres
Suivent un Pasteur.
Que de grace !
Elle efface
Et surpasse,
Le Décorateur.
O ! rare honneur !
Grande gloire,

COMEDIE,

Et victoire
Pour l'Auteur !

ARLEQUIN.

AIR, *Folies d'Espagne.*

Ah, ventrebleu ! c'est se moquer du monde.

LA CRITIQUE.

AIR, *Mariés, mariés, mariés-moi.*

C'est-là qu'on voit Agenor.

ARLEQUIN *récite.*

Je ne puis dire un mot, ma rage est sans seconde.

LA CRITIQUE *reprend.*

C'est-là qu'on voit Agenor
Arrivet avec vîtesse,
Et saisi d'un beau transport,
Crier en fendant la presse :
Retenés, retenés, retenés-moi,
Je m'offre pour la Princesse,
Retenés, retenés, retenés-moi,
Ou je mourrai sur ma foi.

(*à Arlequin.*)

AIR, *Quel plaisir de voir Claudine.*

Mais vous lui dérobés, Sire,
La gloire de ce trépas.

LE VAUDEVILLE.

Cette mort que l'on admire,
Je ne l'imiterois pas.

ARLEQUIN.

AIR, *Pere je me confesse.*

A tort je le confesse
On l'aplaudit beaucoup ;
Car j'étois dans l'yvresse
Quand j'ai fait ce beau coup.

(*Il récite.*)

Mais d'oüir ma Complainte ayez la politesse.

LE VAUDEVILLE *l'interrompant toujours,*
& continuant l'air.

Dans le bien comme dans le mal,
Corésus est extrême ;

LA CRITIQUE.

Dans le bien comme dans le mal;
Il eſt original.
Il s'immole lui-même,
Pour unir ce qu'il aime
A ſon heureux rival.
Le trait eſt ſans égal!

LE VAUDEVILLE & LA CRITIQUE.

Exaltons
Et chantons
Sa nobleſſe
Dans l'yvreſſe,
Ce héros peu commun,
Ne fait le crime qu'à jeun.

ARLEQUIN s'en va de dépit de ne pouvoir parler.

LE VAUDEVILLE.

AIR, *Ma commére quand je danſe.*

A moi vive Contredanſe,
Tambourin & Menuet,
Venez former notre Balet;
Je veux, qu'ici, pour le rendre complet,
Le cheval Pegaſe danſe,
Et qu'il hanniſſe un couplet.

SCENE DERNIERE.

LE VAUDEVILLE, LA CRITIQUE, LA CONTREDANSE, LE MENUET, &c.

On danse.

LE VAUDEVILLE.

LE ton fait plus que le difcours,
On fe laiffe prendre toujours
 Par les dehors frivoles;
Et, dans le monde, ainfi qu'à l'Opéra,
 C'eft l'air, o gué lon la,
 Qui fait paffer les paroles.

Dorante a feul le droit charmant,
De pouvoir dire impunément,
 Les chofes les plus folles;
De fes difcours la plus fage rira,
 C'eft l'air, o gué lon la,
 Qui fait paffer les paroles.

Nous ennuyons avec bon fens.
Une femme en parlant rubans,
 Ponpons & babioles,
Plus qu'un Sçavant cent fois amufera :
 C'eft l'air, o gué lon la,
 Qui fait paffer les paroles.

C 2

Brufquez d'abord un jeune cœur,
Vous allarmerez fa pudeur,
Par vos maniéres folles :
Prenés un ton plus doux , il fe rendra ;
C'eft l'air , o gué lon la ,
Qui fait paffer les paroles.

F I N.

LA VIE
EST UN SONGE,
COMEDIE HEROÏQUE.

ACTEURS.

BASILE, Roi de Pologne.

SIGISMOND, fils de Basile.

FEDERIC, Grand Duc de Moscovie, & neveu du Roi.

SOPHRONIE, Princesse & Niéce du Roi.

CLOTALDE, Gouverneur de Sigismond.

ULRIC, Grand de la Cour.

RODERIC, Chef des Conjurés.

ARLEQUIN, Bouffon de la Cour.

PLUSIEURS OFFICIERS.

GARDES.

SOLDATS.

La scène est en Pologne.

LA VIE
EST UN SONGE,
COMEDIE HEROÏQUE.

ACTE PREMIER.

SCENE PREMIERE.
LE ROI, ULRIC.

ULRIC.

DE Rochers escarpés quelle chaîne effroyable
Sert de Ramparts à cette affreuse Tour !
Elle paroît impénétrable
A la clarté du jour.
O Ciel ! Qui peut guider mon Roi dans ce séjour ?

LE ROI.
Le remords qui l'accable.

ULRIC.
Un Prince tel que vous, pere de ses Sujets,
Du remords accablant peut-il sentir les traits ?

LE ROI.

Je ne les fens que trop ! Mais je fuis pardonnable ;
L'amour que j'ai pour eux m'a feul rendu coupable.

ULRIC.

Seigneur , que dites-vous ?

LE ROI.

                        Il eft tems que mon cœur
Te dévoile un fecret à l'état néceffaire ,
Dont un feul homme eft le dépofitaire ,
Et qui va te remplir de furprife & d'horreur.
Cette Tour que tu vois , cette Prifon fi noire ,
        Dont l'afpect feul épouvante les yeux ;
Ces lieux (puis je le dire , & pourras-tu le croire ?)
Renferment dans leurs murs mon fils unique.

ULRIC.

                        O Dieux !

LE ROI.

Pour t'éclaircir cet horrible myftére ,
        Aprends , qu'autrefois , à mes vœux ;
Un fils fut accordé par le Ciel en colére.
Avant de mettre au jour ce Prince malheureux ,
Mon époufe , en dormant , crut voir un monftre af-
        freux ,
Qui , déchirant fon fein , terminoit fa carriére ,
Ce fonge fut trop vrai ! Fatal préfent des Cieux !
Sigifmond en naiffant , fit expirer fa mere.
Par moi , fur fes deftins , le Ciel fut confulté ,
Et combla les frayeurs dont j'étois agité :
Il me dit que ce Prince impie & fanguinaire ,
Régneroit fur fon Peuple en tyran furieux ;
Il me dit , qu'à fes pieds il fouleroit fon Pere ,
        Et qu'il blafphémeroit les Dieux.
        Dans cette affreufe conjonture ,
        Le cœur rempli d'un jufte effroi ,
Mais plus épouvanté pour l'état que pour moi ,
Au bien de mes fujets j'immolai la nature ,
Et je devins cruel par générofité
Craignant pour eux ce fils & fa férocité ,

Je le fis enfermer dans cette tour obscure,
Pour y vivre & mourir sans connoître son sort ;
J'eus soin, en même-tems, de publier sa mort,
Clotalde, seul instruit, sous une Garde sûre,
Fut chargé d'élever Sigismond dans ces lieux,
      Non comme un Maître légitime,
      Mais comme un monstre furieux,
Qu'il falloit enchaîner pour le sauver du crime.

ULRIC.

Le suplice m'étonne autant que la victime.

LE ROI.

Je crûs, par-là, du Ciel détourner la fureur,
Assurer mon repos & celui de l'Empire.
Vaines précautions ! Le remords, dans mon cœur,
Punit à chaque instant l'escès de ma rigueur ;
      Je sens, sur-tout, je sens qu'il me déchire
      Dans ce jour où l'Etat soupire
      Après le choix d'un Successeur,
      Que les ans me pressent d'élire.
Contre moi la raison elle-même conspire,
Me dit que j'ai trop cru les Astres incertains ;
Que je dois révoquer des ordres inhumains,
Qui, me privant d'un Fils, ôtent à la Province,
Contre toute équité, son véritable Prince ;
Qu'avant de condamner l'espoir de ma maison
      A l'horreur éternelle
      D'une rigoureuse prison,
Je consulte du moins l'amitié paternelle,
Et tente s'il n'est point, en cette extrêmité,
Quelque moyen plus doux pour dompter sa fierté,
Et pour faire mentir son Etoile cruelle.

ULRIC.

Ah ! Seigneur, pour ce Fils proscrit contre les loix,
D'un trop juste remords daignez ouir la voix.

LE ROI.

Ami, dans ce desert c'est lui seul qui m'améne ;
J'y prétens voir mon Fils sans en être aperçû,
Juger des sentimens dont il est combattu,

Et décider par eux si je romprai sa chaîne.
Dans ce jour favorable, heureux si la vertu
Pouvoit combattre en lui l'ascendant qui l'entraîne,
Et pouvoit le rendre, après moi,
Digne de gouverner, & d'être votre Roi !
Clotalde qui m'attend, & que j'ai fait instruire,
Doit bien-tôt.... Je le vois qui vient pour nous con-
duire.

SCENE II.

LE ROI, ULRIC, CLOTALDE.

CLOTALDE.

Sigismond va, Seigneur, paroître dans ces lieux,
Souffrez, pour l'écouter, qu'on vous cache à ses yeux.
LE ROI.
Je brûle en même-tems, & je crains de l'entendre.
Prépares-toi, mon cœur, à l'assaut le plus tendre.
(Il suit Clotalde qui le conduit avec Ulric.)

SCENE III.

ARLEQUIN *seul.*

Voyons un peu ce qui se fait ici.
Mes semblables, par-tout, entrent sans conséquence,
Et, bouffon de la Cour, j'use de ma licence.
Le Roi, d'un de ses Grands suivi,
Et guidé par Clotalde en cet antre effroyable,
Vient maintenant d'entrer à petit bruit :
Je voudrois bien sçavoir quel sujet l'y conduit ?
C'est le domicile du Diable ;
Tout, ici, me paroît propre à l'y conjurer :

Le Roi, peut-être, est venu l'implorer
    Pour se le rendre favorable.
Des chaînes & des clefs, quel bruit épouvantable!
    La porte s'ouvre! Ah, ce sont les enfers!
Tous mes sens sont saisis d'une frayeur extrême.
Quel fantôme s'avance! Il est chargé de fers,
Et ses regards font peur. C'est le Diable lui-même.
    Je suis perdu.

SCENE IV.

SIGISMOND *enchaîné*, ARLEQUIN.

SIGISMOND.

Parles, n'es-tu point las,
O Ciel! injuste Ciel, de m'accabler de chaînes?

ARLEQUIN.

Il menace le Ciel. C'est lui, n'en doutons pas.
Le Diable m'attendrit, & j'entre dans ses peines.

SIGISMOND.

Sans avoir vû le jour, depuis vingt ans je vis:
Renfermé dès l'enfance en un cachot horrible,
J'ignore mon forfait, & ne sçai qui je suis.
Je ne vois qu'un seul homme, un tyran infléxible,
Instrument & témoin des maux dont je gémis;
Il ne m'éclaircit point mon infortune extrême;
Il me parle souvent de la Terre & des Cieux;
Il m'aprend à connoître, à respecter les Dieux,
Mais il me vante en vain leur justice suprême;
Le sort que je subis, sans l'avoir mérité,
Dément cette injustice, & détruit leur bonté.
Qu'ai-je commis contr'eux pour subir l'esclavage,
Et pour me voir ainsi durement enchaîné?
Me font-ils expier le crime d'être né?
Si c'est-là le forfait dont me punit leur rage,

Avec tout ce qui vit , Sigifmond le partage.
J'ai pour complice l'Univers :
Cependant, ici-bas, jufqu'au poiffon qui nage,
Jufqu'à l'oifeau qui fend les airs,
Tout eft né libre , & je porte des fers,
Moi qui, par ma raifon, par mon noble courage,
Sens que je fuis le plus parfait ouvrage.
Si tu veux , à mes yeux , prouver ton équité,
O Ciel ! unique auteur des tourmens que j'endure,
Fais partager mes fers à toute la nature,
Ou donne-moi la liberté
Dont jouit, en naiffant, ta moindre créature.

ARLEQUIN.

Vraiment, il raifonne affez bien ;
Si j'ofois, avec lui j'aurois un entretien.

SIGISMOND.

Dans ces demeures foûterraines,
Que ne puis-je goûter la funefte douceur
D'avoir un compagnon de mes cruelles peines !
Pour foulager l'excès de ma douleur,
Il porteroit du moins la moitié de mes chaînes.

ARLEQUIN.

Le difcours que j'entens me remplit de frayeur.
Ah ! s'il alloit me faifir, miférable !
Mais Clotalde revient. Cachons-nous dans un coin,
Pour fçavoir s'il n'a pas commerce avec le Diable:
De tout, fans être vû, je ferai le témoin.
(Il fe retire dans un coin.)

SCENE V.

SIGISMOND, CLOTALDE, ARLEQUIN *caché.*

SIGISMOND.

MEs maux font éternels comme ma folitude ;
Et mon efprit éclairé par l'étude ,

Ne fert qu'à les aprofondir,
Et qu'à me faire mieux fentir
Les horreurs de ma fervitude.
Mais je vois devant moi le Tyran de mes jours.
Dis moi, de mes tourmens quand finira le cours?
Quand pourrai-je un inftant jouir de la lumiére,
Ou de ta bouche, au moins, aprendre qui je fuis?
Dévoiles-moi....

CLOTALDE.

Je ne le puis.

Soumettez-vous.

SIGISMOND.

Voilà ton langage ordinaire;
Et je ne vois jamais mes doutes éclaircis:
Cependant, fi j'en crois les livres que je lis,
Inftruire, eft le devoir d'un maître.

CLOTALDE.

Les Dieux n'aprouvent point la curiofité
Que vous faites paroître.

SIGISMOND.

Clotalde, je fuis homme; en cette qualité,
Je mérite de me connoître.

CLOTALDE.

Ah! vous ne l'êtes plus par votre cruauté.

SIGISMOND.

Tes affreux traitemens font ma férocité;
Et, fi je fuis cruel, tu m'enfeignes à l'être.
Sur les parens qui m'ont fait naître,
Une éternelle obfcurité;
Des fers, une prifon fauvage,
Sans nul efpoir de liberté;
Nul relâche à mes maux qu'accroît ta dureté:
Barbare, voilà mon partage,
Et tes leçons d'humanité.

CLOTALDE.

J'exécute l'arrêt que le Ciel a dicté,
Pour mettre un frein à votre violence,
Dont il eft révolté.

C'eſt elle, c'eſt votre arrogancé
Qui vous a fait proſcrire avant votre naiſſance.
Dépouillez donc tant de fierté.
Vous ne ſçauriez déſarmer ſa vengeance
Que par l'humilité,
Par la douceur, & par l'obéiſſance.

SIGISMOND.

Ce diſcours me révolte. Eſt-ce par la rigueur
Que l'on prétend m'inſpirer la douceur?
Tels châtimens cruels, ta conduite ſévére,
Ne font qu'augmenter ma fureur;
Et dans les mouvemens qui ſaiſiſſent mon cœur...

CLOTALDE.

Aux tranſports de votre colére,
Ces murs vont ſervir de barriére;
Ils ſçauront vous humilier.

SIGISMOND.

Tu peux trancher mes jours, non me faire plier :
Et je brave....

CLOTALDE.

Qu'on le ſaiſiſſe,
Et qu'on l'enferme ſans tarder.

SIGISMOND.

Dieux! Qu'à la force il eſt dur de céder,
Et que la dépendance eſt un cruel ſuplice
Pour un cœur qui ſe ſent digne de commander!

(On l'entraîne, & la Porte de la Tour ſe referme.)

SCENE VI.

LE ROI, ULRIC, CLOTALDE, ARLEQUIN *caché*.

LE ROI *ſortant du lieu où il étoit caché.*

Quel ſpectacle touchant pour les regards d'un
pere!
Dieux! Qu'il accroît le remords de mon cœur!

Que l'état de mon fils m'a fait sentir d'horreur,
　　　Et que l'aspect de sa misére
　　　M'a bien puni de ma rigueur !
　　Astres cruels, que je devois moins croire,
Ah ! j'ai pris trop de soin de vous justifier !
Si ses emportemens semblent vérifier
Votre prédiction si terrible & si noire,
　　　Vous n'en devez toute la gloire
Qu'aux barbares moyens que j'ai fait employer.
Mon fils étoit né bon, vertueux, débonnaire,
Ma cruauté pour lui, mes ordres rigoureux
Ont aigri son orgueil, allumé sa colére.
　　　J'ai, moi seul, malheureux !
　　Fait un tyran d'un Prince généreux.
Que dis-je ? Les transports que son cœur fait paroître,
　　　Partent d'une noble fierté,
　　　Digne du sang qui l'a fait naître.
J'ai vû même, au travers de sa férocité,
　　　Briller des traits de générosité,
　　　Qui, pour mon fils, me l'ont fait reconnoître.
　　　　C L O T A L D E.
Seigneur, de ce retour Clotalde est enchanté.
Contre un fils malheureux, victime de mon zèle,
A regret j'ai servi votre sévérité.
En vous obéissant dans ma charge cruelle,
J'ai soupiré cent fois de ma fidélité.
　　Grand Roi, pour prix de mon obéissance,
　　　Accordez-moi sa liberté ;
Je serai trop payé par cette récompense
　　Qu'à vos genoux j'ose vous demander.
Rendez à vos sujets leur Prince légitime,
Et recouvrez un fils né pour vous succéder ;
Qu'il passe de l'horreur de cet affreux abîme,
　　　Au trône qu'il doit posséder.
Cessez de redouter la fureur qui l'anime.
Dès qu'il reconnoîtra la splendeur de son sang,
　　　Il sera magnanime,
Et sçaura se montrer digne de ce haut rang.

Ne résistez donc plus à l'ardeur qui m'entraîne,
 Et laissez-vous fléchir.
  Faites que ce bras qui l'enchaîne,
  Ait le bonheur de l'affranchir,
  Dût-il aujourd'hui m'en punir,
  Dût-il, dans cette tour affreuse,
Me rendre tous les maux dont ma main rigoureuse
 L'a, malgré moi, fait si long-tems gémir.
  Il me sera plus agréable
De vivre dans les fers, accablé de rigueurs,
Et de faire régner mon Maître véritable,
Que d'être l'instrument de son sort déplorable,
Et de me voir comblé de toutes vos faveurs.

ULRIC.

Seigneur, c'est tout l'état qui par sa voix s'explique.
  En cette dure extrêmité,
La nature, les loix, la raison, l'équité,
  Même la politique,
Tout vous parle en faveur d'un Successeur unique:
Comme lui, devant vous, je me prosterne ici.

ARLEQUIN sortant de son coin.

 Seigneur, je viens m'y prosterner aussi.
Ayez pitié d'un Fils que j'ai pris pour le Diable,
Tant vous l'avez réduit en un sort pitoyable.
Par les pleurs qu'à vos pieds vous me voyez verser...

LE ROI.

Levez-vous, votre Roi voudroit vous exaucer.
Mais puis-je, tel qu'il est, me déclarer son pere;
  Et, pour le couronner,
Ce Prince est il, hélas! en état de régner?
Donnerai-je un tyran à la Pologne entiére;
Non, quels que soient les cris de mes remords pressans,
Je ne dois écouter que mon amour pour elle;
Il étouffe en mon cœur l'amitié paternelle,
 Et mes Sujets sont mes premiers enfans.

CLOTALDE.

Ah! Si vous consultez le bien de la patrie,
Vous remettrez le sceptre aux mains de votre fils.

Le Prince Fédéric, grand Duc de Moſcovie,
    Et la Princeſſe Sophronie,
    De votre ſang également ſortis,
Diviſent tout l'Etat en proye à deux partis,
    Il aime en vain cette Princeſſe,
Et voudroit, par l'hymen, voir leurs droits réunis.
On ſçait qu'elle a toujours rejetté ſa tendreſſe,
L'hymenée eſt un joug qui bleſſe ſa fierté ;
Et, comme ſon courage égale ſa beauté,
Elle veut régner ſeule, & n'avoir point de maître :
Je doute, quand ſon cœur pourroit y conſentir,
    Que l'on voulût d'ailleurs le reconnoître :
Par un Prince étranger s'il ſe voyoit régir,
L'Etat de la Pologne auroit trop à rougir.
C'eſt allumer les feux d'une guerre civile ;
C'eſt trahir votre fils pour troubler vos ſujets.
Lui ſeul, Seigneur, lui ſeul peut aſſurer la paix.
Sigiſmond reconnu va rendre tout tranquille ;
Ce nom ſeul vous répond du cœur des Polonois :
    Il n'apartient qu'au fils du grand Baſile
        De réunir toutes les voix.
            LE ROI.
Grands Dieux ! Que dois-je faire en cette conjonc-
    ture ?
Daignez, pour terminer mon funeſte embarras,
M'inſpirer le moyen d'accorder la nature
        Avec le bien de mes Etat :
Faites que je ſois Roi ſans ceſſer d'être pere,
Que la prudence en moi guide le ſentiment....
Ils exaucent mes vœux ; je ſens dans ce moment
Qu'ils viennent m'éclairer par un trait de lumiére,
Pour éprouver mon fils, & lui faire eſſayer
Le Sceptre paternel, ſans expoſer l'empire.
    Clotalde, aprens ce que le Ciel m'inſpire,
        Et que ton art doit employer.
    Par la vertu d'un breuvage propice,
        Il faut, dans un ſommeil profond,
Enſévelir le Prince Sigiſmond.

Et , profitant de l'artifice ,
Tandis qu'il goûtera les douceurs du repos ,
Il faut briser les fers qu'il porte en ces cachots ,
L'orner de tout l'éclat de la magnificence ,
Et , l'arrachant du fond de cet affreux séjour ,
Le transporter au milieu de ma cour ,
A qui de tout j'aurai fait confidence ;
Ensuite , à son réveil , je veux que , sans détour ,
Tu lui découvres sa naissance ,
Et que mes courtisans lui rendent , tour-à-tour ,
Tous les honneurs qu'on rend à ma puissance.
Je verrai dans ce jour ,
Par cet innocent stratagême ,
Comment il usera de la grandeur suprême ;
Je verrai si je dois n'écouter que l'amour ,
Et lui laisser le diadème :
Sa conduite sera son arrêt elle-même.
Puissent les Dieux, dans cet heureux sommeil ,
Changer son cœur trop sanguinaire ,
Et lui donner d'un Roi l'auguste caractére !
Puisse ce Prince , à son réveil ,
Se trouver les vertus que demande l'empire ,
Et paroître à mes yeux tel que je le desire !
Il est tems de me rendre au conseil qui m'attend.
(à Clotalde.)
Du sort de Sigismond ton maître va l'instruire.
Toi , cours exécuter ce qu'il t'a sçû prescrire.
CLOTALDE.
J'y vole.
ARLEQUIN *sautant au col du Roi.*
Papa Roi , pour ce trait éclatant ,
Souffrez qu'Arlequin vous embrasse ,
Et qu'il coure annoncer le Prince à vos états.
Je le sçavois bien , moi , que j'obtiendrois sa grace ,
Et que , contre mes pleurs , le Roi ne tiendroit pas.

Fin du premier Acte.

ACTE II.

Le Théâtre représente la chambre du Roi. Sigismond paroît endormi sur un Trône, & richement vêtu ; plusieurs Officiers sont prêts à le servir.

SCENE PREMIERE.

SIGISMOND *endormi.* **ULRIC, ARLEQUIN,** *plusieurs Officiers.*

SIGISMOND *en s'éveillant.*

OU suis - je ? Justes Dieux ! Est-ce un songe
    agréable ?
Est-ce l'effet d'un doux enchantement
    Qui transforme, en un lieu charmant,
    Une prison épouvantable,
Et qui change mes fers, & l'habit misérable
    Qui m'a couvert jusques à ce moment,
      . En un superbe vêtement ?
      Chaque objet m'arrête & m'étonne !
Jusqu'à l'astre brillant qui répand la clarté,
    Tout, à mes yeux, est une nouveauté.
Mais quelle attention attire ma personne ?
Quelle nombreuse cour paroît autour de moi !
Quel zèle ! Quel respect ! Quel éclat m'environne !
    Tout m'annonce que je suis Roi ;
    Au sein de mon bonheur suprême,
    Ce dont je suis le plus flatté,
Je sens que je suis libre, & maître de moi-même.
    Rien ne contraint ma volonté.
    Le doute seul dont je suis agité,
    Altere un bien si délectable.

O Ciel ! jusques au bout montre-toi favorable,
Et, pour mettre le comble à ma félicité,
Prouves-moi que je veille en cet instant aimable,
Et que mon régne est une vérité.

(en considérant l'épée qu'on lui présente.)

Quel est cet ornement dont ma vûe est frapée,
Et dont j'aime, sur-tout, l'éclat ?

ULRIC.

Prince illustre, c'est votre épée ;
C'est le soutien de votre Etat,
Et le foudre vengeur qu'en votre main terrible
Les immortels ont mis,
Pour vous rendre un Prince invincible,
Et pour punir vos ennemis.

SIGISMOND.

Puisque ce fer brillant rend un Roi formidable,
Puisque par lui je dois vaincre & punir,
De vos présens, grands Dieux ! c'est le plus agréable ;
Mon bras déja brûle de s'en servir.

ULRIC *lui mettant l'épée à son côté.*

C'est ainsi qu'on la porte, Sire.

ARLEQUIN *poussant une botte.*

Et c'est ainsi qu'on la tire.

SCENE II.

Les Acteurs précédens, CLOTALDE.

CLOTALDE.

SEigneur, je viens, en vous, reconnoître mon Roi.

SIGISMOND.

Est-ce Clotalde que je voi ?
Pour m'insulter, vient-il me rendre hommage,
Lui qui m'a fait gémir dans un dur esclavage ?
Comment, & de quel front paroît-il devant moi ?

CLOTALDE.

Seigneur, pour chaſſer le nuage
Qui, ſur vos ſens ſurpris, répand l'obſcurité,
Je vais, ſans tarder davantage,
Faire, à vos yeux, briller la vérité.
Les honneurs qu'on vous rend, ce palais magnifique,
Ne ſont point les effets d'un ſonge chimérique ;
Ce ſpectacle nouveau, qui vous tient enchanté,
Eſt pour vous un bonheur plein de réalité.
Pendant votre ſommeil, de votre antre ruſtique :
A la Cour de Pologne on vous a tranſporté :
Du Roi Baſile enfin vous êtes fils unique,
Lui-même à ſon Conſeil l'a déja déclaré ;
On porte juſqu'aux Cieux votre nom révéré,
Et vous faites, Seigneur, l'allégreſſe publique.

SIGISMOND.

Pourquoi m'avoir caché le ſang dont je ſuis né ?
Si ton diſcours eſt véritable,
Pourquoi traiter ton Prince infortuné
Comme un eſclave miſérable ?

CLOTALDE.

Pour obéir, Seigneur, aux céleſtes décrets ;
Et détourner de vous les noirs effets
Des aſtres irrités que craignoit votre pere,
Et qui vous menaçoient d'être un Roi ſanguinaire.

SIGISMOND.

Ah ! Traître, ſont-ce là d'aſſez fortes raiſons
Pour condamner un fils, un Prince légitime,
A la plus dure des priſons ?
Et toi, premier objet du courroux qui m'anime,
Toi qui fus l'inſtrument d'un ſuplice inoüi,
Comment à ce Monarque as-tu donc obéi ?
Comment, auprès de moi, juſtifier ton crime ?
Malheureux ! Tu devois du moins
A mes regards dévoiler ma naiſſance,
Je n'aurois pas trahi ta confidence ;
Je n'avois, dans mes fers, que tes yeux pour témoins,
J'en aurois moins gémi, flatté par l'eſpérance ;

Et mon cœur, dans ce jour, eût reconnu tes soins.
CLOTALDE.
Seigneur, j'avois juré de garder le silence;
On m'auroit vû souffrir la mort avec constance,
Plûtôt que de le rompre.
SIGISMOND.
Ah ! Tu la souffriras,
Pour avoir trop gardé ce silence funeste :
Ministre affreux que je déteste,
Je veux, par ma vengeance, effrayer ces états.
CLOTALDE.
Seigneur, que votre ame réprime....
SIGISMOND.
Tu m'oses répliquer, perfide, tu mourras;
Tu seras, dans ce jour, la premiére victime
Et le premier tyran qu'immolera mon bras.
ULRIC *l'arrétant*
Par un meurtre, Seigneur, ne vous noircissez pas.
CLOTALDE *en sortant.*
Malheureux ! Il se perd; & sa fureur extrême
Me fait trembler pour lui bien plus que pour moi-
même.

SCENE III.

SIGISMOND, ULRIC, ARLEQUIN.

SIGISMOND *à Ulric qui veut le retenir,*

Sujet audacieux, quoi, tu retiens mes pas ?
ULRIC.
Seigneur, souffrez que je vous fasse entendre....
SIGISMOND.
Arrête, ton discours ne peut que m'offenser,
Si tu dis un seul mot....

ULRIC.

Je ne puis me défendre....

SIGISMOND.

Puisqu'il répond, sans balancer,
Du haut de ce balcon précipite le traître.

ARLEQUIN.

C'est pour lui faire peur, je ne sçaurois penser....

SIGISMOND.

Si tu ne m'obéis, toi même, tu vas être....

ARLEQUIN *saisissant Ulric.*

Pardon, c'est à regret, mais il commande en maître;
Et je ne puis me dispenser
De vous jetter par la fenêtre :
Je suis novice en cet emploi.

SCENE IV.

Les Acteurs précédens, LE ROI.

LE ROI.

DE tels emportemens sont indignes d'un Roi
Calmez un transport condamnable.

SIGISMOND.

Qu'entens-je ?

LE ROI

Vous devez m'écouter, & songer
Qu'un Prince qui s'oublie au point de se plonger
Dans le sang d'un sujet, fût-il même coupable,
Déshonore son bras, au lieu de se venger.

SIGISMOND.

Je me sens arrêter par son air respectable....
Qui donc es-tu ! Réponds, ô vieillard vénérable!
De qui l'aspect aussi noble que doux,
A le pouvoir d'enchaîner mon courroux;
Dans mon cœur étonné ta présence fait naître
Des mouvemens secrets qu'il ne peut démêler;

Qui font que j'aime à te parler,
Que je brûle de te connoître.
L E R O I à part.
Ah ! de ma joie à peine fuis-je maître !
Le fang lui parle en ma faveur.
(haut.)
Quoi, Prince, j'aurois le bonheur
De triompher , par ma prefence ,
Des fentimens de haine & de vengeance...
S I G I S M O N D.
Oui , tu les fufpens dans mon cœur.
Sur moi quelle eft donc ta puiffance ?
Tes feuls regards domptant ma violence ,
Me forcent d'aprouver jufqu'à la liberté
Que tu prens de combattre ici ma volonté.
Satisfaits mon impatience :
Quel es. tu ! Parles , expliques-toi.
Va , quels que foient ton rang & ta naiffance,
Sois fûr des faveurs de ton Roi ;
Je fens que je ne puis t'aprocher trop de moi.
L E R O I à part.
O , pere trop heureux !
(haut.)
Je me flatte , j'efpére,
Quand je ferai connu de vous ,
De redoubler encore des fentimens fi doux.
S I G I S M O N D.
Qui peut les augmenter ? Je t'aime, te révere,
L E R O I.
Nature ; c'en eft trop , je céde à ton effort.
Je fuis....
S I G I S M O N D.
Hé bien , acheve , inftruis-moi de ton fort.
L E R O I.
Embraffes moi , mon fils , & reconnois ton pere.
S I G I S M O N D.
Mon pere ! Ah Dieu ! L'auteur de mes tourmens !
Ce nom rallume ma colére.

LE ROI.

Quoi, le titre sacré de pere, en ces momens
N'excite en toi que des frémissemens?
Quand mon ame se livre entiére
Aux prompts & tendres mouvemens
Qu'inspire pour un fils la nature sincére,
La tienne se refuse à mes embrassemens?

SIGISMOND.

La voix du sang chez moi ne s'est point tûe!
Tu viens de voir à ta première vûe,
Avec combien d'ardeur, prompt à se dévoiler,
Pour toi ce sang vient de parler
Dans le fond de mon ame émûe.
Si pour ton fils, quand tu l'as mis au jour,
Barbare! il t'eût parlé de même,
Tu ne réduirois pas aujourd'hui cet amour
A se changer en une haine extrême.

LE ROI.

Ma tendresse présente auroit dû triompher.
Cette haine est un monstre, & tu dois l'étouffer.
Reprens l'amour d'un fils pour un Pere qui t'aime.

SIGISMOND.

Non, ne l'espére pas; les maux que tu m'as fais
Dans mon esprit sont gravés pour jamais

LE ROI.

Ah! Ces retours affreux, & l'horreur qu'ils t'inspi-
rent,
Me font trop voir que les Astres sont vrais
Dans le malheur qu'ils me prédirent;
Il est écrit sur ton front irrité,
Et j'y lis d'un tyran toute la dureté.

SIGISMOND.

Pere cruel! dont la bouche m'outrage,
Si je suis un tyran, n'en accuse que toi:
Par ton ordre, élevé comme un monstre sauvage,
Je ne fais que répondre aux soins qu'on eut de moi.
J'imite ton exemple, & je suis ton Ouvrage;
D'autant plus excusable en mon emportement,

Que la raison l'aprouve, & que ma tyrannie,
Par un juste retour, & par un mouvement
Que la nature justifie,
N'aspire qu'à punir les tyrans de ma vie :
Mais toi, pere coupable & bourreau de ton fils,
Tu t'es montré cruel contre toute justice,
Contre les droits humains & les loix du pays,
Pour m'enterrer vivant dans un noir précipice.
Quel forfait, en naissant, avois-je donc commis?
C'est peu de me cacher à ma Patrie entiére ;
Tu m'as tout refusé, jusques à la lumiére,
Pour la première fois, aujourd'hui j'en jouis.
          Dans les transports de sa colére.
Contre moi, que pourroit imaginer de pis
          Le plus mortel de tous mes ennemis?
Parens dénaturés, à vos ordres bisarres,
Quoi, nos jours innocens seront-ils asservis,
Serez-vous envers nous impunément barbares,
Et les ressentimens nous sont-ils interdits?
Non, non, c'est une erreur dont vous êtes séduits,
          Par une sage prévoyance,
Les équitables Dieux ont borné vos pouvoirs ;
          Ainsi que nous, vous avez vos devoirs :
Et, si nous vous devons, avec l'obéissance,
Des marques de respect & de reconnoissance,
          Vous nous devez des soins, à votre tour,
          Conformes à notre naissance,
          Et des preuves de votre amour.
          LE ROI.
          Si j'ai condamné ton enfance,
          C'est malgré moi que je l'ai fait ;
          Et j'ai voulu te soustraire au forfait.
Où devoit t'entraîner la maligne influence
          De l'astre qui te dominoit.
          SIGISMOND.
Mais, toi-même, sans crime, as-tu pû l'entreprendre?
          Etoit-ce à toi de lire dans les Cieux,
          Et de vouloir forcer l'ordre des Dieux

Par d'injuſtes moyens qu'ils t'avoient ſçû défendre?
N'étoit-ce pas à toi de les laiſſer agir?
Et ne devois-tu pas attendre
Que je fuſſe coupable, avant de me punir?
LE ROI.
C'eſt un crime que je répare.
Les biens dont aujourd'hui te comble ma bonté,
Doivent éteindre un ſouvenir barbare.
Imite ma douceur, & non ma cruauté.
Du courroux qui t'aigrit, quel que ſoit le murmure
Souviens-toi qu'il eſt beau d'oublier une injure.
SIGISMOND.
Il eſt plus doux de s'en venger :
Et, puiſque de mes fers je me voſs dégager,
Puiſqu'enfin mes deſtins éclaircis par toi-même,
Me rendent l'héritier de ton pouvoir ſuprême,
Pour punir mes tyrans, je ſçaurai m'en ſervir :
Leur crime fait trembler par ſa noirceur extrême,
Ma vengeance fera frémir.
LE ROI.
Fils inhumain, c'eſt trop te méconnoître;
Tu crois déja régner, & me parles en maître.
Rentres en toi-même, & ſors de ton erreur;
Loin de t'enorgueillir d'une vaine grandeur
Que tu ne dois qu'à ma tendreſſe,
Regardes-la plûtôt comme un ſonge trompeur,
Qui te ſéduit par ſon yvreſſe.
Repends-toi d'écouter ta fureur vengereſſe;
Crains de dormir encore dans tes tranſports divers,
Et tremble, à ton réveil, de te voir dans les fers,
Et dans ta premiére baſſeſſe.
(Il ſort.)

SCENE V.

SIGISMOND *seul.*

Seroit-il vrai, grands Dieux ! que mon deftin bril-
    lant
Fût d'un fonge impofteur l'Ouvrage fantaftique
Verrai-je, malheureux ! ma grandeur chimérique ?
    S'évanouir en m'éveillant ?
Rentrerai - je en mes fers ? . . . Non, je ne puis le
    croire.
Chaque objet qui me frape, & chaque événement,
Pour n'être qu'un vain fonge, au fond de ma mémoire
    Se grave trop profondément.
Chaffons de mon efprit une terreur fi noire,
Quand de la vérité ma raifon me répond :
    Et, pour douter un inftant de ma gloire,
Je fens trop que je fuis le Prince Sigifmond ;
Je le fens encore mieux aux mouvemens de rage
Dont mon Pere a rempli mes efprits furieux.
Tout ce qui s'offre à moi me paroît odieux.

SCENE VI.

SIGISMOMD, ARLEQUIN.

ARLEQUIN.

Nous allons voir un beau tapage,
Mais il eft en fureur, & je fuis feul ici.
Je tremble.

SIGISMOND.

Qui donc es-tu ? Di.

ARLEQUIN *à part.*

Ah ! Je lui dirois bien qu'Arlequin est son frere,
Mais il a, le brutal, trop mal reçu son Pere.

SIGISMOND.

Répons-moi donc. Quelle est ta qualité ?

ARLEQUIN *à part.*

Quel air rébarbatif ! J'en suis épouvanté.

(*haut.*)   (*bas.*)
Seigneur, je suis...Je crains qu'il ne m'assomme.

SIGISMOND.

Veux-tu parler ?

ARLEQUIN.

Je suis... je suis un Gentilhomme.

SIGISMOND.

Est-ce de la Cour du Roi ?

ARLEQUIN.

Non:
Un Gentilhomme, là... de conversation.

SIGISMOND.

De conversation ! Par-là, que veux-tu dire ?

ARLEQUIN.

Je veux dire autrement ; Gentilhomme boufon,
Ou Gentilhomme qui fait rire.

SIGISMOND.

Fais-moi rire.

ARLEQUIN.

Ah ! Voilà pour m'interdire.

SIGISMOND.

Veux-tu me faire rire ?

ARLEQUIN *à part.*

Il me le dit d'un ton
A me faire trembler La terreur qu'il m'inspire
Me donne déjà le frisson.

SIGISMOND.

Quand me feras-tu rire, hem ?

ARLEQUIN.

Tout-à-l'heure, Sire:

(*A part.*)

D 3

D'y réuffir , je ne puis me flatter.
        Son vifage me defefpére.
            S I G I S M O N D.
Fais-moi rire au plus vîte , ou je te fais fauter
Du haut de ce balcon.
            A R L E Q U I N à part.
                    Il eft homme à le faire!
C'eft ainfi qu'à la Cour on fe voit balotté :
J'étois tantôt jetteur , & vais être jetté.
            S I G I S M O N D.
Puifque je ne ris point , ton audace punie...
            A R L E Q U I N.
                (à part.)
Sire , un moment. Quel eft mon fort infortuné !
                (haut.)
Riez-vous vous aifément , dites-moi , je vous prie?
            S I G I S M O N D.
Non , je n'ai jamais ri depuis que je fuis né.
            A R L E Q U I N.
Ah ! Gare le balcon ! C'eft fait de notre vie.
Malheureux Arlequin , tu vas faire le faut.
            Voyons un peu s'il eft bien haut.
Sa hauteur m'épouvante , & d'horreur j'en friffonne.
        Avant d'expofer ma perfonne ,
        Je vois qu'il eft de mon honneur
        De faire rire Monfeigneur ;
        De bien réjouir fon Alteffe ,
        A prefent je fuis en humeur.
            (après plufieurs Lazzis.)
Je ne vous fais pas rire? Et cette gentilleffe...
            S I G I S M O N D.
        Non , tu me fais plûtôt dépit.
            A R L E Q U I N.
Cette mine , avoués qu'elle vous divertit.
            S I G I S M O N D.
        Elle me révolte , au contraire.
            A R L E Q U I N à part.
Il me fera perdre l'efprit.

(*haut.*)

Et ce lazzi que vous me voyez faire,
Ne le trouvez-vous pas charmant ?

SIGISMOND.

Il me paroît impertinent.

ARLEQUIN.

Cet entrechat a-t-il l'art de vous plaire ?

SIGISMOND.

Il a celui de me mettre en colére.

ARLEQUIN *à part.*

Je suis au bout de mon rôle à present.
Que deviendrai-je, misérable ?

(*haut.*)

Prince, êtes-vous chatouilleux ?

(*il le chatouille.*)

SIGISMOND.

Insolent,
Tu vas servir d'exemple à tout mauvais plaisant.

ARLEQUIN *se jettant à ses pieds.*
Ayés pitié d'un misérable !
J'ai crû vous faire rire, & je suis pardonnable.

SIGISMOND.

Il n'est qu'un seul moyen de te sauver le jour,
C'est de m'aprendre, sans détour,
Deux choses, que je veux connoître :
Premiérement, dis-moi, dans cette Cour,
Si je suis en effet le maître ?

ARLEQUIN.

N'en doutés pas, Seigneur, puisqu'il dépend de vous
De me jetter par la fenêtre :
Votre bras vous répond des hommages de tous.

SIGISMOND.

Ce n'est pas tout, il faut m'instruire
De tous les Grands de cet Empire,
Qui sont du sang Royal sortis :
Je veux tous les connoître, afin de les détruire ;
Descendus de Basile, ils sont mes ennemis.

D 4

ARLEQUIN *tirant un almanach de sa poche.*
Cet Almanach va vous le dire.
Tenez, Sire, (on vous, sans doute, apris à lire,)
Vous verrez là-dedans tous les noms des proscrits.
SIGISMOND.
Lis toi-même.
ARLEQUIN.
Seigneur. . . .
SIGISMOND.
Lis donc sans plus remettre.
ARLEQUIN,
Lisons, quand je dévrois épeller chaque lettre.
(*Il lit.*)
Fédéric, âgé de trente ans,
Neveu du Roi, Grand Duc de Moscovie.
(*il s'interrompt.*)
Sur le Trône ce Duc comptoit depuis long-tems ;
Mais il comptoit sans l'Hôte.
(*il continue à lire.*)
Sophronie,
Dans sa vingtiéme année, & Niéce aussi du Roi.
(*il parle.*)
Seigneur, vous avez-là, ma foi,
Une Cousine fort jolie :
C'est dommage, s'il faut qu'elle perde la vie.
Je l'aperçois qui vient, jugés-en par vos yeux.
SIGISMOND.
Que de Beautés ! Voilà le chef-d'œuvre des Dieux.
J'oublie, en la voyant, qu'elle est mon ennemie.
Mes sens sont enchantés.

SCENE VII.

SIGISMOND, SOPHRONIE.

SOPHRONIE.

SEigneur, vous voulez bien
Que je vous rende ici mon hommage sincére.

SIGISMOND.

Ah! Recevez plûtôt le mien,
Princesse ; à mes regards cette Cour n'offre rien
Que n'efface d'abord votre vive lumiére.
Quel changement en moi votre aspect vient de faire!
Je ne suis plus le même. A cet aimable aspect,
Je me sens entraîner par un desir rapide,
  Et retenir par le respect.
Vous enflammez mon cœur, & le rendez timide.
  De vos yeux l'éclat est si doux,
Que je n'admire plus l'Astre qui nous éclaire ;
Leur charme est si puissant, qu'il suspend mon cour-
 roux.
S'il me souvient encore des cruautés d'un pere,
C'est pour m'avoir privé si long-tems du bonheur
De voir tant de beautés, que mon ame préfére
A tout ce que le sceptre offre de séducteur ;
C'est pour m'avoir caché jusqu'ici mon vainqueur,
Et ne m'avoir pas fait plus digne de lui plaire.

SOPHRONIE.

Seigneur, un tel accueil a lieu de m'étonner.
J'ai cru ne voir en vous qu'un ennemi terrible,
Que contre tous les siens doivent trop indigner
  Vingt ans d'une prison horrible.

SIGISMOND.

Après vous avoir vûe, ah! peut-on vous haïr ?
Des injustes tourmens que l'on m'a fait souffrir

Vous n'êtes point d'ailleurs coupable;
Et, quand vous en feriez l'auteur,
Le Ciel vous forma trop aimable,
Pour ne pas triompher de toute ma fureur.
Il n'eft rien que vos yeux ne rendent excufable.

SOPHRONIE.

Vous redoublez ma furprife, Seigneur.
Quoi, vous me connoiffez, vous me parlez à peine,
Et vous me faites voir les feux les plus ardens ?

SIGISMOND.

Je ne fçai, mais enfin voilà ce que je fens:
Tel eft l'effet fubit de l'amour qui m'entraîne;
Du cœur de votre Prince il vous rend Souveraine,
De la Pologne en même-tems;
Charmante Sophronie, il vous déclare Reine:
Le Trône eft votre rang, vous l'avez mérité,
Et par droit de naiffance, & par droit de beauté.
Vous ne répondez point. Que faut-il que je penfe,
Et de votre embarras, & de votre filence?
Haïriez-vous le Trône avec moi partagé?
S'il étoit vrai, quel coup pour mon cœur qui vous
aime!
Les maux, où dans ma Tour je me fuis vû plongé,
Seroient doux, comparés à ce malheur extrême.

SOPHRONIE.

Je vois dans vos tranfports régner tant de candeur,
Que je dois les payer d'une entiére franchife:
Et, comme la vertu préfide à votre ardeur,
Elle m'engage & m'autorife
A vous dévoiler tout mon cœur:
Aprenez que j'en fuis fouveraine maîtreffe,
Et que toujours il brava la tendreffe:
Des courtifans flatteurs le langage affecté,
Leurs vices traveftis avec habileté,
Sous les dehors trompeurs d'une humble politeffe,
Et leurs hommages faux, l'ont toujours révolté;
Leur ardeur peu fincére, & fans délicateffe,
eur penchant invincible à l'infidélité,

L'ont garanti de sa foiblesse ;
Il s'est armé contr'eux d'une juste fierté :
En s'éloignant du sein de la nature aimable ,
Ils ont rendu l'amour, à mes yeux, méprisable.
    Vous seul , Seigneur , me l'avez presenté
        Sous une forme redoutable ,
Tel que je la craindrois pour ma tranquillité ;
Vous me l'avez fait voir plein d'ingénuité,
        Accompagné d'un trouble véritable ,
Et mêlé de respect & de timidité.
Si sa voix à mon cœur pouvoit se faire entendre ;
C'est en votre faveur qu'elle lui parleroit ;
        Et, si ce cœur pouvoit se rendre ,
        C'est à vos feux qu'il se rendroit.

SIGISMOND.

Si mon amour vous plaît , pourquoi vous en défendre ?
        Et pourquoi ne pas accepter
        Le sceptre , où vous devez prétendre ,
Et qu'orneront vos mains, en daignant le porter ?

SOPHRONIE.

Du bien que vous m'offrez, je suis reconnoissante ;
C'est tout ce que pour vous je puis faire éclater.
    Plus je suis près du rang qu'on me presente,
    Et moins je suis maîtresse d'y monter.

SIGISMOND.

Eh , de qui donc êtes-vous dépendante ,
Vous, faite pour régner, & pour donner la loi ?

SOPHRONIE.

De votre Pere, de mon Roi.

SIGISMOND.

Quoi, sur vous le Barbare étend sa tyrannie ?

SOPHRONIE.

C'est un droit naturel qu'il a sur Sophronie ;
Il a seul le pouvoir de disposer de moi :
        A vos vœux son choix est contraire.

SIGISMOND.

    Ah ! Je cours trouver l'Inhumain ;
Et ma rage....

SOPHRONIE.

Arrêtez. Quel eſt votre deſſein ?
Eſt-ce par la fureur que vous croyez me plaire ?
A ce tranſport mettez plûtôt un frein.
Contre un Pere, Seigneur, & contre un Souverain,
Jamais elle n'eſt légitime...
Baſile eſt ſeul maître de mon deſtin,
On ne peut, à ſes loix, me ſouſtraire ſans crime.
Par d'autres ſentimens méritez mon eſtime;
Et gravez bien dans votre ſouvenir,
Que la vertu la peut ſeule obtenir.
Adieu.

SCENE VIII.

SIGISMOND, ARLEQUIN.

SIGISMOND.

Princeſſe, hé bien, j'étoufferai ma haine ;
Mais d'un ſi noble effort vous ſerez donc le prix.
Avec vous je ſuivrai la clémence ſans peine ;
Je ſerai généreux envers mes ennemis :
Mais, ſans vous, il n'eſt point de frein qui me retienne ;
A mon reſſentiment tout deviendra permis.
Il faut que tout périſſe, où que je vous obtienne.

ARLEQUIN.

Hé bien, Seigneur, peut-on ſçavoir de vous
Comment vous trouvez la Princeſſe ?

SIGISMOND.

Charmante, & digne enfin de toute ma tendreſſe :
Sa beauté, dans mon ſein, allume tant de feux,
Que, pour m'en voir le poſſeſſeur heureux,
Je ſuis prêt d'oublier tout ce qu'a fait mon Pere.
Elle a, dans un inſtant, changé mon caractére ;
Le ſeul ſon de ſa voix a dompté ma fureur ;
La douceur de ſes yeux a paſſé dans mon cœur ;

Elle vient de verser dans mon ame charmée,
Le desir de la gloire, & l'oubli de mes maux :
Pour la seule vertu, je la sens enflammée,
Et, d'un tyran, en moi, l'amour fait un héros.

ARLEQUIN,

Seigneur, ma joïe en est extrême ;
Mais je crains fort pour votre amour,
Que Monsieur Fédéric qui l'aime,
Ne vous la souffle dans ce jour.

SIGISMOND.

Dieux ! Fédéric brûle pour elle !
Il aspire à sa main ! Mais, parlès, est-il aimé ?

ARLEQUIN.

Non, elle a pour ce Prince une haine mortelle ;
Mais vous n'en devez pas être moins allarmé,
Car le bruit court que le Roi la lui donne,
Pour le consoler, entre nous,
De la perte de la couronne.
On dit que dans trois jours il sera son époux.

SIGISMOND.

Le perfide, plûtôt, périra sous mes coups.

ARLEQUIN.

Vous pouvez lui parler, car je le vois paroître.

SIGISMOND.

A son aspect, je ne suis plus le maître
De mes ressentimens jaloux.

SCENE IX.

SIGISMOND, FEDERIC, ARLEQUIN.

FEDERIC.

Prince, dont le noble courage...

SIGISMOND.

Epargnez-vous un vain hommage,
Qui gêne votre cœur, & révolte le mien.

FEDERIC.

Seigneur, vous offenſez le Duc de Moſcovie ;
L'hommage qu'il vous rend ne le contraint en rien,
Puiſqu'il vient vous prier d'aprouver le lien
　　Qui doit l'unir à Sophronie.

SIGISMOND.

　　Ah ! Téméraire, oſes-tu bien
Me parler d'aprouver un lien qui m'outrage ?
Renonces-y toi-même, ou mon juſte courroux…

FEDERIC.

Je demeure ſurpris d'un accueil ſi ſauvage !

SIGISMOND.

　　Aprens qu'à cet objet ſi doux,
　　Ma main deſtine un autre époux.

FEDERIC.

Qui peut me diſputer la Princeſſe que j'aime ?

SIGISMOND.

Un rival indigné de ton audaçe extrême,
　　Seul digne d'obtenir ſa foi,
　　Puiſqu'il eſt au-deſſus de toi,
Et puiſqu'enfin c'eſt Sigiſmond lui-même.

FEDERIC.

Seigneur, à votre rang je ſçai ce que je doi ;
　　Mais j'ai le ſuffrage du Roi,
　　Et vous-même y devez ſouſcrire.

SCENE X.

Les Acteurs précédens, LE ROI.

LE ROI *à Sigiſmond.*

OUi, Prince, ſon hymen eſt aprouvé par moi ;
　Songez que mon ſuffrage eſt pour vous une loi ;
Ces nœuds ſont importans au repos de l'Empire.

SIGISMOND.

Eſt-ce aux dépens du mien qu'on prétend l'acheter ?

Pour la Princesse je soupire ;
Avant de la céder il faudra que j'expire :
Mon amour seul doit se faire écouter.

LE ROI.

Un Roi n'écoute point l'amour ni son caprice,
Il n'entend, il ne suit que la seule justice ;
　　　　Et c'est à vous de m'imiter :
Aprenez à régner par cet effort suprême ;
　　　　Et, pour mieux affermir la paix,
　　　　Commencez par mettre, vous-même,
Vos injustes desirs au rang de vos Sujets.

SIGISMOND.

Mes desirs sont trop purs pour que je les immole :
Que dis-je ? La Princesse abhorre mon Rival,
Et son cœur est contraire à cet hymen fatal.
Vous-même, retirez une injuste parole.

LE ROI.

Qu'osez-vous proposer ? La parole des Rois,
Comme celle des Dieux, doit être inviolable :
J'ai prononcé pour lui, souscrivez à ce choix ;
　　　　C'est un arrêt irrévocable.

SIGISMOND.

Ah ! Tyran, c'en est trop ; cet arrêt inhumain
　　　　Vient de rallumer dans mon sein
Les feux de mon courroux, avec plus de furie :
Les respects, les égards que j'ai pour Sophronie,
　　　　Et l'espoir d'obtenir sa main,
Pouvoient seuls retenir la haine qui m'enflâme ;
Ce trésor accordé pouvoit seul, de mon ame,
Effacer, aujourd'hui, tant d'outrages reçûs.
　　　　Ton impitoyable refus,
　　　　Et l'odieuse préférence
　　　　Que vient de donner ta puissance
　　　　Au plus grand de mes ennemis,
Du joug de la nature affranchissent ton fils ;
Et ce nouvel affront qui grossit les tempêtes
　　　　Qui vont tomber sur vos deux têtes,
Surpasse & comble enfin tous ceux que tu m'as faits.

Plus d'accord entre nous, plus de paix déſormais;
Je ne ſuis plus ton fils, pere indigne de l'être,
　　Que pour m'armer de mes droits contre toi:
Crains, dans ton propre état, de n'être plus le maître.
Inſtruit de mes deſtins, tout le peuple eſt pour moi.
　　　Tremble, frémis de te voir ſous ma loi;
Ma bouche te déclare une immortelle guerre:
Et j'atteſte le Dieu du Ciel & de la Terre,
Que je ne verrai point reparoître le jour,
　　　Que mon bras, armé du tonnerre,
De mes Tyrans affreux n'ait purgé cette Cour.

SCENE XI.

LE ROI, FEDERIC.

LE ROI.

V A, je t'empêcherai, Barbare,
D'exécuter les criminels projets
　　　Où ton emportement t'égare;
Ma prudence ſçaura t'épargner des forfaits.
Le moyen dont, ſans fruit, s'eſt ſervi ma tendreſſe
　　　Pour rendre un Fils à mes Etats,
Je prétens l'employer pour enchaîner ſon bras,
Et garantir mes jours du péril qui les preſſe.

SCENE XII.

Les Acteurs précédens, SOPHRONIE.

SOPHRONIE.

JE viens vous implorer, Seigneur, pour votre fils ;
Pardonnez un transport dont mes yeux font la
    caufe,
Et fongez que ma main ne peut être le prix....

LE ROI.

C'eft pour vous couronner qu'aujourd'hui j'en difpofe ;
Sur mon trône, tous deux, vous allez être affis.

SOPHRONIE.

Votre fils doit lui feul....

LE ROI.

           Non, ce fils trop fidèle
A me juftifier, par fon humeur cruelle,
Ce qu'ont prédit de lui les aftres ennemis,
    Vient d'épuifer l'amitié paternelle ;
      La prifon qui fut fon berceau,
    Va devenir fa demeure éternelle,
      Et fera fon tombeau.
On fçaura, dans la tour, le convaincre fans peine,
    Que tout l'éclat de la grandeur humaine,
    Qui dans ce moment l'éblouit,
Difparoît, comme une ombre, aux yeux qu'elle fé-
    duit,
    Et n'eft rien qu'une vapeur vaine
Que le fommeil enfante, & le réveil détruit.
             (*Il fort avec Fédéric.*)

SCENE XIII.
SOPHRONIE *seule.*

AH ! plûtôt que ta barbarie
Prive ton fils du pouvoir Souverain ,
Et qu'un hymen funeste à Fédéric me lie ,
Il faudra , Roi cruel , que tu perces mon sein ;
Ou qu'avec Sigifmond tu me rend ecaptive.
En faveur de ce fils dont je fais le malheur ,
Et pour qui je reffens la pitié la plus vive,
Il n'eft rien qu'en ta cour ne tente ma douleur.
Quand je fonge , grands Dieux ! que ce Prince qui
   m'aime
Va rentrer dans la nuit de fon affreufe tour ,
   Je ne fuis plus maîtreffe de moi-même ;
Et la part que je prens à fa difgrace extrême ,
   Me fait fentir que je l'aime à mon tour ;
Ma fierté s'en émeut ; mais ce feu qui l'étonne
   N'a rien qui bleffe la vertu ;
Et , dans l'affreux péril dont mon ame friffonne ,
Il eft trop allarmé pour être combattu ;
   A fon ardeur je m'abandonne.
J'armerai tout l'Etat contre un pere inhumain.
   Cher Prince , il eft jufte qu'enfin
   Mon bras t'affures une couronne
Qu'a voulu me donner ta généreufe main ,
Et que l'amour répare , en cette conjonƈture ,
Les outrages fanglans que te fait la nature.

Fin du fecond Aƈte.

ACTE III.

Le Théâtre represente la tour, à la porte de laquelle le Prince Sigismond paroît endormi : & chargé de sa premiére chaîne.

SCENE PREMIERE.

SIGISMOND, CLOTALDE, ARLEQUIN, GARDES.

ARLEQUIN.

Non, là-dessus je ne sçaurois me taire;
    Basile est un bon Roi,
D'accord, mais il est mauvais pere :
On ne traita jamais un fils de la maniére.
    (*à Clotalde.*)
    Vous avez tort d'avoir pris cet emploi ;
Il faut, pour l'exercer, avoir un cœur de pierre.
Vous êtes un barbare ; & jamais sur la terre...

CLOTALDE.

Pour réprimer ses discours impudens,
Qu'au plus haut de la tour on l'enferme au plus vîte.

ARLEQUIN.

Tu me fais enfermer sans que je le mérite ;
Mais ce qui me console, en logeant là-dedans,
C'est que j'aurai pour moi tous les honnêtes-gens.
La prison qu'Arlequin partage avec son Prince,
Sçaura lui faire honneur dans toute la Province.
    (*On enferme Arlequin.*

SCENE II.

CLOTALDE, SIGISMOND *endormi.*

SIGISMOND *endormi.*

MEure, meure Clotalde, & tous mes ennemis !
Tombe le Roi Basile au pouvoir de son fils !

CLOTALDE.

Jusqu'au sein du repos sa fureur le tourmente ;
Rien ne peut l'arracher de son noir souvenir ;
Que son affreux réveil sçaura bien l'en punir !
Pour ses regards surpris, quelle image effrayante !
Son sommeil se dissipe, & je frémis pour lui.

SIGISMOND *en s'éveillant.*

Que vois-je, malheureux ! Et quelle horreur efface
Tout mon bonheur évanoui !
Du sceptre que j'ai crû posséder aujourd'hui,
Mes premiers fers ont pris la place !
Du Trône, je retombe au fond de ma prison !
O, réveil accablant qui confond ma raison !
Le Ciel m'a-t-il trompé par un songe agréable,
Pour rendre mon destin encore plus déplorable
Par la douleur de la comparaison ?

CLOTALDE.

Dans un profond sommeil, quel charme inconcevable
A retenu si long-tems vos esprits ?
Et quel songe funeste animoit votre rage ?
Vous respiriez tout haut le sang & le carnage.

SIGISMOND.

Je ne sçai que répondre à ce que tu me dis ;
Le trouble de mes sens est si grand, que j'ignore
Si je veille en effet, ou si je dors encore.

CLOTALDE.

N'en doutez point, Sigismond, vous veillez ;
Puisque c'est moi qui vous l'assure ,

́ue je suis devant vous, & que vous me parlez.
SIGISMOND.
Je ne suis point sorti de cette grotte obscure?
Ah! Toute ma grandeur n'est donc qu'un songe vain?
Ma prison seule est vraie, & mon malheur certain.
Mais non, ce que j'ai vû m'a paru si sensible,
Et si fort éloigné de toute fausseté,
Que tout ce qui me frape en ce moment terrible,
Ne paroît pas avoir plus de réalité.
Que dis-je? Un feu nouveau qui circule en mes veines,
Qui charme en même-tems, & redouble mes peines,
De mon bonheur détruit, prouve la vérité;
J'en ai, pour sûr garant, l'image qui me reste
De la beauté qui m'a charmé;
J'en ai, pour signe manifeste,
L'amour que dans mon sein ses yeux ont allumé.
Je le sens, cet amour, dont je brûle pour elle;
Et, pour la démentir, ma flamme est trop réelle.
CLOTALDE.
Quel songe a sur vos sens fait tant d'impression,
Qu'il ait jusqu'à ce point troublé votre raison?
SIGISMOND.
Ecoutes, puisqu'il faut t'en faire confidence,
Non ce que mon esprit a vû confusément
Dans un rêve sans suite, & plein d'extravagance,
Mais ce qui m'a frapé les yeux sensiblement,
Qui m'est présent encore comme un événement,
Rempli de certitude où régne l'évidence,
Et dont j'ai retenu la moindre circonstance.
A la Cour de Pologne, en un Palais brillant,
(O, souvenir amer d'une gloire trompeuse!)
J'ai crû me voir en m'éveillant;
J'étois, alors, vêtu superbement,
Environné d'une foule nombreuse
Qui me servoit avec empressement.
Je me souviens, qu'au fort de mon étonnement.
Je t'ai vû le premier me rendre ton hommage,
Et, fléchissant le genou devant moi,

Me déclarer que j'étois fils du Roi,
Et que son Trône étoit mon héritage.
CLOTALDE.
Sans doute, vous avez, dans ces momens heureux,
Reçû votre sujet en Prince généreux,
SIGISMOND.
A ton discours, m'armant d'un front sévere,
Clotalde, j'ai voulu te punir, au contraire,
D'avoir suivi du Roi les ordres rigoureux ?
Et de m'avoir caché ce funeste mystére :
Tu n'as pû, qu'en fuyant, te soustraire à mes coups,
Et mon pere s'est vû l'objet de mon courroux.
Mais ce qui s'est gravé dans le fond de mon ame,
Avec des traits de flamme
Que rien ne sçauroit effacer,
Une auguste Princesse à mes yeux s'est montrée,
Sa beauté la rendoit digne d'être adorée.
Ah ! sans douleur, je ne puis y penser.
J'ai déclaré mon feu sincére,
Elle a paru ne pas s'en offenser ;
J'espérois, par mes soins, parvenir à lui plaire,
Quand un Prince odieux, protégé par mon pere,
Dans mon bonheur m'est venu traverser :
Ce coup a réveillé le feu de ma colére,
Et j'ai juré dans mon transport,
Qu'avant que le soleil redonnât la lumiére,
Au sein de mes tyrans je porterois la mort.
CLOTALDE.
De l'auteur de votre naissance,
Eh quoi, les jours par vous ne sont pas respectés ?
Et sur moi, qui pris soin d'élever votre enfance,
Vous étendez vos cruautés ?
Ah ! Sigismond, à cet excès barbare
Pouvez-vous vous porter, même dans le repos ?
En goûtant ses douceurs, notre cœur se déclare.
De l'ame d'un tyran un noir songe s'empare,
Il voit toujours du sang dont il verse des flots ;
Mais la vertu, dont votre esprit s'égare,

Jusques dans le sommeil accompagne un héros.
N'accusez plus les Dieux si vous êtes en bute
A tous les traits de leur couroux ;
Avec juste raison leur bras vous persécute :
Les sentimens cruels qu'on voit paroître en vous,
N'ont que trop, à mes yeux, justifié leurs coups.
Ce songe, dont votre ame est encore si remplie,
Eh, pour vous éprouver, qui sçait s'il n'est point fait ?
Qui sçait, si dans ce jour, leur sagesse infinie
N'en seroit pas l'auteur secret ?
Pour vous je tremble dans ce doute.
Je sçai qu'aux immortels votre fureur déplaît ;
Je crains que leur rigueur n'ajoute
A votre châtiment, tout horrible qu'il est.
Sigismond, voulez-vous épuiser leur vengeance ?
Ou croyez-vous que par la cruauté
Vous mériterez leur clémence ?
Ah ! Dépouillez plûtôt votre férocité,
Et votre orgueil qui les offense ;
Portez-vous au bien constamment ;
Et songez que leurs mains versent leur récompense
Jusques sur la vertu qu'on exerce en dormant.

S I G I S M O N D.

Sigismond, de ton cœur dépouille l'arrogance ;
Réprimes tes noires fureurs ;
Que le bien soit ton exercice unique,
Et sçaches que les Dieux répandent leurs faveurs
Jusques sur la vertu qu'en songe l'on pratique.

C L O T A L D E.

Oui, c'est le seul moyen d'attirer leur bonté.

S I G I S M O N D.

Il faut donc vaincre ma fierté.
Par ta voix, comme un trait de flamme ;
La vérité, Clotalde, a pénétré mon ame ;
Je ne ferai plus rien, même dans le sommeil,
Dont je puisse jamais rougir à mon réveil.
Mais tout l'éclat de ces richesses
Dont j'ai crû jouir cette nuit ?

CLOTALDE.

Est un ardent qui trompe, & qui s'évanouit.

SIGISMOND.

Et ces grandeurs enchanteresses
Dont les attraits m'avoient séduit ?

CLOTALDE.

Leur jouissance est un éclair qui fuit.

SIGISMOND.

Et la faveur avec la renommée ?

CLOTALDE.

Un vent qui change, une vaine fumée.

SIGISMOND.

Et l'espérance ?

CLOTALDE.

Un apas séducteur.

SIGISMOND.

Et la vie ?

CLOTALDE.

Et la vie est un songe trompeur.
La vertu seule est constante & réelle ;
Le vrai bonheur est dans le bien,
Tout le reste est compté pour rien.

SIGISMOND.

Ce discours me remplit d'une clarté nouvelle ;
J'en sens toute la force & la sublimité :
Mon esprit qui n'est plus séduit par l'aparence,
Des humaines grandeurs connoît la vanité,
Pour elles, il n'a plus que de l'indifférence ;
L'amour, le seul amour dont il est agité,
Lui fait sentir sa véhémence,
Il entraîne ma volonté ;
Et, quoique d'un vain songe il tienne la naissance,
J'éprouve que sa flamme est une vérité.

CLOTALDE.

Sortez d'erreur ; ces feux remplis de violence,
A vos sens abusés doivent tout leur pouvoir ;
Ils n'offrent à vos yeux qu'un objet chimérique,
Comme tous ces honneurs, cette Cour magnifique ;

Et tous ces vains tréfors que vous avez crû voir ;
Et, pour en triompher, vous n'avez qu'à vouloir.

SIGISMOND.

Pour l'éteindre jamais, ma flamme m'eft trop chére ;
Ma raifon, qui me fait fentir la fauffeté
    De ma grandeur imaginaire,
    Peut adoucir ma cruauté,
Réduire mon orgueil, enchaîner ma colére ;
Mais elle ne fçauroit étouffer mon ardeur ;
Je fens qu'elle eft plûtôt du parti de mon cœur.
Pour ne pas l'aprouver, cette ardeur eft trop belle ;
La vertu l'accompagne, elle eft pure comme elle ;
    Quoiqu'elle augmente ma douleur,
Que j'aime fans fçavoir fi mon Vainqueur exifte,
Que tout m'ôte l'efpoir de m'en voir poffeffeur,
A l'adorer toujours ma volonté perfifte ;
    Je veux borner-là mon bonheur,
J'entretiendrai du moins fon image chérie ;
Ses charmes, de mes fers adouciront l'horreur,
    Et l'on m'arrachera la vie,
Plûtôt que de m'ôter une fi douce erreur.
    (Il rentre dans la Tour, qui fe referme)

SCENE III.

CLOTALDE feul.

D'Un fi parfait amour mon ame eft attendrie.
Mais qui peut pénétrer dans cet Antre profond ?
C'eft Ulric ! La terreur eft peinte fur fon front.

SCENE IV.

CLOTALDE, ULRIC.

ULRIC.

Clotalde, le Roi qui m'envoye,
Est en danger de perdre & le Trône & le jour.
Aux troubles les plus Grands, la Pologne est en proye ;
Les Peuples révoltés ont entraîné la Cour,
    Et pour son fils hautement se déclarent ;
Tous veulent l'arracher du sein de cette Tour,
Et de la guerre, enfin, tous les feux se préparent.
Le nom de Fédéric est par tout en horreur ;
Sophronie, elle-même, abhorrant son ardeur,
Aux volontés du Roi refuse de souscrire,
Reconnoît Sigismond pour maître de l'Empire,
Et du Peuple pour lui redouble la chaleur.

CLOTALDE.

Qu'entens-je ?

ULRIC.

    Elle est d'autant plus formidable,
Qu'à la beauté suprême elle joint la valeur.
    On sçait que de son sexe aimable
Elle fuit la mollesse, & méconnoît la peur ;
Qu'elle a, dans les combats, signalé son grand cœur,
Et, qu'autant que ses yeux, son bras est redoutable.
Le Roi qui connoît trop, dans ce tems orageux,
Ce que peut sur les cœurs un chef si dangereux,
    Et qui craint la funeste suite
    D'une révolte si subite,
    A rassemblé dans son Palais
Ce qui lui reste encore de fidèles Sujets.
    Auprès de lui, venés comme eux vous rendre,
Et l'aider à résoudre, en ce péril certain,

Quel parti son ame doit prendre ;
Pour détourner le cours d'un torrent si prochain.
Ses ordres, pendant son absence,
Doivent faire doubler la garde de ces lieux,
Pour la mettre en état d'oposer sa défense
Aux efforts des séditieux.

C L O T A L D E.

Ciel ! Protecteur des Rois, armes-toi pour Basile ;
Et rends des factieux la fureur inutile !
Que je guide vos pas dans ces Rochers affreux :
Evitons cette route, elle est trop difficile ;
Ce sentier est plus court, & bien moins périlleux.

(Il s'en va avec Ulric.)

S C E N E V.

A R L E Q U I N *mettant la tête à une fenêtre*
de la Tour.

AH ! Par cette lucarne exhalons notre rage,
Et tâchons de prendre un peu l'air.
Je perds mon tems à regarder , j'enrage;
Et , pour être logé dans un sixiéme étage,
Je n'en vois pas plus clair.
Quoique de nous les Cieux semblent être assez pro-
ches ,
J'en aperçois à peine un foible échantillon.
Mais quels cris redoublés font retentir ces Roches,
Et font faire aux échos un affreux carillon !
Ce sont des gens armés ! Qui, diantre, les améne ?

SCENE VI.

ARLEQUIN, RODERIC, SOLDATS.

RODERIC.

Vive, vive Sigismond.

ARLEQUIN,

Dis ;

Que lui veux-tu donc, mon ami ?
Et qui te fait crier jusqu'à perte d'haleine ?

RODERIC.

Etes-vous le Prince, Seigneur ?

ARLEQUIN.

C'est selon. Aprens-moi ce que tu veux lui dire

RODERIC.

L'illustre Sophronie, armée en sa faveur,
De rompre sa Prison, a chargé ma valeur,
Et l'a fait proclamer souverain de l'Empire,

ARLEQUIN.

En ce cas-là, je suis le Prince Sigismond.
Brisés mes fers, & vengés mon affront.

RODERIC répéte.

Brisons ses fers, & vengeons son affront.

ARLEQUIN.

Holà hé donc, Messieurs, doucement, prenés garde ;
Vous allez renverser la Tour,
Les Murs n'en valent rien ; & songés, en ce jour,
Que c'est votre vrai Roi que ce péril regarde.

RODERIC après l'avoir mis en liberté.

Souffrés que vos Sujets soumis, humiliés,
Se prosternent tous à vos pieds.

(Ils se prosternent tous aux pieds d'Arlequin.)

ARLEQUIN à part.

Profitons de l'erreur, & , sous cet habit mince,
Jouissons un moment du plaisir d'être Prince ;
Je trouve ce métier fort doux.

RODERIC.

Seigneur, le tems eſt cher, & la gloire vous preſſe
De joindre au plûtôt la Princeſſe ;
Elle conduit le Peuple, & doit vaincre pour vous,
Nous allons, ſur vos pas, nous expoſer aux coups.

ARLEQUIN.

Je ſuis trop prudent pour vous croire.
Allés, quand vous aurez remporté la victoire,
Vous reviendrez me le faire ſçavoir...
En attendant, je vais ici m'aſſeoir.

RODERIC.

Grand Roi, vous faites voir une prudence extrême ;
Et jamais... Mais voici la Princeſſe elle-même ;
Elle a franchi pour vous l'horreur de ces déſerts.

SCENE VII.

SOPHRONIE, *les Acteurs précédens.*

SOPHRONIE *à Roderic.*

DU Prince Sigiſmond a-t-on briſé les fers ?

RODERIC *montrant Arlequin.*

Madame, le voilà prêt à monter au Trône.

SOPHRONIE.

Ce n'eſt pas-là le Prince.

RODERIC.

Un tel diſcours m'étonne.

(*à Arlequin.*)
Ce n'eſt donc pas vous ?

ARLEQUIN.

Non, mais je ſuis ſon cadet ;
Et vous voyez en ma perſonne
Le Prince Sigiſmondinet.
C'eſt-là l'apartement où mon frere demeure,
Et je vais y mener Madame tout-à-l'heure.

E 3

SOPHRONIE.

Je frémis à l'aspect de ce cachot profond !
Soldats, secondés tous le transport qui m'entraîne.

ARLEQUIN.

De briser cette Porte épargnez-vous la peine ;
Je vois sortir le Prince Sigismond.

SCENE VIII.

SIGISMOND, *les Acteurs précédens.*

SIGISMOND.

Qui remplit donc ces lieux d'une rumeur sou-
daine ?

SOPHRONIE.

Ah ! Prince, en quel état vous offrez-vous à moi ?
L'heureuse Sophronie aura du moins la gloire
De briser, de sa main, les chaînes de son Roi,
Et d'affranchir ses jours d'une Prison si noire.

SIGISMOND.

Que vois-je ! Ma Princesse, au fond de ces déserts,
Vient rompre elle-même nos fers ?
Elle s'arme pour moi dans ce jour favorable ?
Qu'un trait si généreux me la rend adorable !
Et qui peut m'acquitter des biens que j'en reçois ?
Dieux trompeurs ! Par un rêve aimable,
Ne m'abusez-vous pas une seconde fois ?
Mon bonheur est trop grand pour être véritable.
Je dors encore sans doute, & tout ce que je vois
N'est rien qu'un fantôme agréable.

ARLEQUIN.

Prince, n'en doutés point, c'est un bonheur palpable.

SOPHRONIE.

Ce n'est point un songe, Seigneur ;
Je vous parle en effet, & je suis Sophronie,
Qui, pour vous couronner, veut prodiguer ma vie :

Vous êtes de Bafile unique Succeffeur.
En vain ce Roi, frapé d'une aveugle terreur,
Véut tranfporter vos droits au Duc de Mofcovie :
Tout l'Etat, avec moi, s'arme en votre faveur ;
Venés, voiés, au Trône où je vais vous conduire.
SIGISMOND.
Non, je fuis détrompé d'une vaine grandeur,
Qui n'a qu'un faux éclat, qu'un inftant peut détruire ;
Et j'ai trop fait l'effai de fon fafte impofteur.
Si quelque illufion a fur moi de l'empire,
C'eft l'amour qui m'enflamme, il eft l'unique erreur
Dont j'aime encore à me laiffer féduire :
Et votre cœur, Madame, eft le Trône où j'afpire
C'eft de lui feul que dépend mon bonheur.
Ce bonheur ne fut-il que l'Ouvrage d'un fonge ?
Pour ne pas m'y livrer, il eft trop enchanteur ;
La vérité ne vaut pas ce menfonge :
Et je le trouve fi flatteur,
Qu'il me feroit cent fois plus agréable
De croire poff
éder votre cœur dans les fers,
Sans efpoir de fortir de cet antre effroyable,
Que de me voir, fans lui, maître de l'Univers.
SOPHRONIE.
Votre félicité n'eft pas un vain fantôme,
S'il eft vrai que mon cœur vous foit fi précieux ;
Et les effets, bientôt, vont prouver à vos yeux,
Qu'il eft votre fujet, avec tout ce Royaume.
SIGISMOND.
Quoi, je ferois aimé ! Je me verrois heureux !
SOPHRONIE.
Oui, Prince, il n'eft plus tems de taire
Un feu que le péril a contraint d'éclater.
Ce que pour vous mon bras vient de tenter,
Vous dit trop qu'en ce jour vous avez fçu me plaire.
SIGISMOND.
Grands Dieux, en cet inftant flatteur,
Si le charmant aveu qui frape mon oreille,
N'eft que l'effet d'un fonge féduﬅeur,

E 4

Faites que Sigifmond jamais ne fe réveille !
Mais s'il veille, au contraire, au gré de fes fouhaits,
Eloignés, de fes yeux, le fommeil pour jamais.

SOPHRONIE.

Vous veillez, croyez-en ma flamme :
Et, comme fur l'Etat, vous régnez fur mon ame,
L'un & l'autre vous offre un Empire réel.
Si tout ce que je dis vous femble une chimére,
Si votre efprit perfifte en ce doute cruel,
Et n'en croit pas une Amante fincére,
Qui franchit pour vous feul la bienféance auftére,
Refufe Fédéric, & le Trône avec lui ;
Qui, pour vous élever à ce Trône aujourd'hui,
S'arme contre ce Prince, & combat votre Pere ;
Jettés les yeux, Seigneur, fur-tout le Peuple armé
Pour votre caufe légitime ;
Voyés-le de ces Monts couvrir toute la cime :
Venés, & montrez-vous à ce peuple charmé,
Votre deftin, par lui, vous fera confirmé.
Marchons, il n'attend plus que vos ordres pour vaincre ;
Et, mieux que mes difcours, mon bras va vous con-
　　vaincre.

SIGISMOND.

C'en eft trop ; Sigifmond eft déja convaincu.
Le moyen de ne pas en croire tant de charmes ?
A vous fuivre en tout lieu, me voilà réfolu.
Rien n'arrête mes pas ; qu'on me donne des armes.
Pour vous l'offrir, je cours au Trône qui m'eft dû ;
Combattant avec vous, la victoire m'eft fûre.
D'avoir tant balancé, je rougis maintenant.
D'un regard de vos yeux, animé feulement,
Mon bras peut triompher de toute la nature ;
Et mes cruels Tyrans vont fentir dans ce jour
Ce que peut la valeur conduite par l'amour.

SOPHRONIE.

Ah ! La vertu doit guider l'un & l'autre.
Votre Pere eft, Seigneur, parmi vos ennemis ;
Même en le combattant, foyés toujours fon fils.

Ma gloire déformais, eft unie à la vôtre ;
Elle m'engage à vous reprefenter
Qu'un Roi ne doit jamais fe laiffer emporter
Aux indignes tranfports d'une aveugle vengeance,
Qu'il doit vaincre, non pas pour la faire éclater,
Mais pour fignaler fa clémence.
Un Tyran met fa gloire à tout exterminer,
Mais celle d'un vrai Roi confifte à pardonner ;
C'eft lui qu'il faut choifir pour modèle fuprême :
Et fongez, quelque ardeur qui vous puiffe entraîner,
Que le plus beau triomphe eft celui de vous-même.

SIGISMOND.

Qu'il eft heureux, & qu'il eft doux
D'aprendre la vertu de la bouche qu'on aime !
Qu'elle a pour lors de puiffance fur nous !
Guidé, belle Princeffe, à la gloire par vous,
De mes fens égarés je ne crains plus l'yvreffe ;
En marchant fur vos pas, je fuivrai la fageffe.

SCENE IX.

Les Acteurs précédens, RODERIC.

RODERIC.

SAns combattre, Seigneur, vous venez d'obtenir
Sur votre Pere une victoire pleine :
Abandonné de tous, contraint de fuir,
Il vient d'être arrêté dans la forêt prochaine ;
Avec Clotalde on vous l'améne.

E 5

SCENE DERNIERE.

Les Acteurs précédens, LE ROI, CLOTALDE, SOLDATS.

LE ROI.

Fils coupable, assouvis toute ta cruauté;
Le fort te livres ta victime :
Acheves d'accomplit fur ton Pere & ton Roi,
Ce que les Cieux trop vrais lui prédirent de toi.
SIGISMOND.
Je vais, en dépit d'eux, me montrer magnanime,
Et convaincre mon Pere, en un jour fi fameux,
Que les Aftres malins n'ont fur nous de puiffance,
Qu'autant que notre cœur eft d'accord avec eux,
Que notre volonté régle leur influence,
Et qu'on eft, à fon gré, cruel ou généreux.

(*Il fe jette aux pieds du Roi.*)

Seigneur, loin de fouiller ma gloire,
Et de faire éclater un barbare courroux,
Regardez-moi rougir de ma victoire,
Et fuivre déformais des fentimens plus doux :
Voyez-moi réparer le fort qui vous oprime;
Et, forçant mon Etoile, attendre à vos genoux
Le jufte châtiment que mérite le crime
De s'être, avec l'Etat, révolté contre vous.
Prononcez mon arrêt, l'exemple eft néceffaire;
Faites-vous juftice aujourd'hui.
Un fils qui s'arme contre un pere,
Quelques durs traitemens qu'il ait fouffert de lui,
Doit fubir un trépas févére.
Frapez, je recevrai le coup fans murmurer,
De votre main, encore, trop heureux d'expirer.

LE ROI.

Mon Fils, un trait si grand & si digne d'estime,
Me fait rougir d'avoir trop cru
Les Astres que dément votre vertu sublime.
Au lieu de châtiment, mon sceptre vous est dû.
Qui sçait se vaincre ainsi, mérite la couronne.
Après ce changement qui m'enchante & m'étonne,
Régnez sur mes Etats que vous avez conquis
Par la force bien moins que par votre clémence,
Et que le bien public soit votre récompense.
De l'Empire, à vos yeux, pour relever le prix,
Possédez avec lui cette aimable Princesse;
Vous rendant tous heureux, mes vœux seront remplis.
Je ne veux me livrer dans ma douce vieillesse,
Qu'au bonheur d'être pere, & d'avoir un tel fils.

SICISMOND.

Seigneur, à vos bontés votre Fils trop sensible,
Ne prend en main les rennes de l'Etat,
Que pour en soutenir tout le fardeau pénible,
Et pour vous en laisser la gloire & tout l'éclat.
Et vous, illustre Sophronie,
Vous, qui m'avez apris à triompher de moi,
Vous, l'auteur généreux du repos de ma vie,
C'est pour vous couronner que je veux être Roi;
Je ne fais que vous rendre un bien que je vous dois;
Votre main précieuse est le seul que j'envie:
De souverain le titre ne m'est doux,
Que pour mieux mériter celui de votre époux.

SOPHRONIE.

Mon bonheur est parfait, si je comble le vôtre;
Je haïrois le sceptre, en le tenant d'un autre.

SIGISMOND à *Clotalde.*

Aproches, noble défenseur
Du Roi mon pere, & de ton Maître;
Le zèle que pour lui ton ame a fait paroître,
Ne peut être payé de toute ma faveur.

LE ROI.

Mon Fils, cette conduite aussi sage qu'auguste,

Annonce à vos Sujets le régne d'un Roi juste.
SIGISMOND.
C'est l'heureux fruit de vos rigueurs ;
Elles m'ont convaincu que toutes les grandeurs
Ne font qu'une chimére où le fommeil nous plonge,
Qu'excepté la vertu, tout n'est rien que menfonge ;
Que notre prévoyance est un tiffu d'erreurs,
Notre efpoir un fantôme, & notre vie un fonge.

F I N.

LA SURPRISE

DE

LA HAINE,

COMEDIE.

A C T E U R S.

CLEON, pere de Lifidor.

CLARICE, mere de Lucile.

LISIDOR, amant de Lucile.

LUCILE, fille de Clarice.

CONSTANCE, fœur de Lucile.

MILORD GUINE'E.

ARLEQUIN, valet de Lifidor.

LISETTE, fuivante de Lucile.

La Scène eft à Paris, chez Clarice.

LA SURPRISE
DE LA HAINE,
COMEDIE.

ACTE PREMIER.

SCENE PREMIERE.
CONSTANCE, LISETTE.

CONSTANCE.

UI, Lisette, voici la brillante journée
Qui doit à Lisidor unir ma Sœur aînée.
Cette heureuse alliance étouffant tout Procés,
Entre nos deux Maisons va rétablir la paix.
L'Intérêt fut l'auteur de leur antipathie ;
Mais par cette union qui paroît assortie,
L'Hymen, de la Discorde est vainqueur en ce jour;
Et la Haine est contrainte à céder à l'Amour.

LISETTE.

La révolution me paroît bien subite:
Lifidor fit hier fa premiére vifite;
Lucile votre fœur, ne l'a vû qu'un moment;
Son Pere encore, pour lui, porta le compliment.
Sa figure, il eft vrai, parle à fon avantage.

CONSTANCE.

Ce qui me plaît en lui, c'eft fon air noble & fage.

LISETTE.

Moi, ce qui m'a choquée, il n'a dit que trois mots.

CONSTANCE.

Mais remplis de bon fens, & toujours à propos.

LISETTE.

C'eft un homme qui parle avec poids & mefure.
Si j'en crois Arlequin qui m'a fait fa peinture,
Son caractére jure avec les mœurs du tems,
Et le fait méprifer de tous les jeunes gens.
Il traite la tendreffe à la façon antique,
Porte les fentimens jufques à l'héroïque,
Regarde comme un crime une infidélité,
Et fe fait de l'Amour un Dieu de probité.

CONSTANCE.

Tu ne peux pas de lui faire un plus grand éloge;
Et de cette matiére il eft beau qu'on déroge.
Le mal que tu m'en dis me le fait eftimer.

LISETTE.

Et moi, par ce difcours, j'ai lieu de préfumer
Que le Beau-frere eft fort à votre gré, Madame.

CONSTANCE.

Oui, je crois qu'il fera le bonheur de fa femme.
Je doute que ma Sœur, à parler entre nous,
Faffe de fon côté, celui de fon époux.
Il faut pourtant lui rendre une juftice dûe;
D'attraits & d'agrémens fa perfonne eft pourvûe;
Elle met de la grace à tout ce qu'elle fait,
Et fon difcours féduit, en dépit qu'on en ait.
Son ame eft généreufe & défintéreffée,
Franche, & qui n'a jamais déguifé fa penfée;

Mais aux vivacités elle a l'esprit sujet ,
L'humeur folle , & sur-tout , le naturel coquet ;
Se révolte aisément , & revient avec peine ;
Foible dans sa tendresse , & forte dans sa haine.

LISETTE.

A la peinture encore ajoutons quelques traits :
Railleuse au dernier point , curieuse à l'excès ;
Du matin jusqu'au soir , par l'humeur dominée ,
Et dans ses sentimens , sans retour , obstinée.
C'est là son vrai portrait , qu'il est tems de finir ,
Car je l'entens marcher , & je la vois venir.

(Elle rentre.)

SCENE II.

LUCILE , CONSTANCE.

CONSTANCE.

Vous voulez bien , ma sœur , que je vous félicite.
Vous allez épouser un homme de mérite.

LUCILE.

Comment le sçavez-vous ?

CONSTANCE.

       Tout le monde le dit ,
Et son extérieur....

LUCILE.

     Prévient , sans contredit.
Pour peu que son esprit réponde à sa figure ,
Mon cœur l'acceptera pour époux sans murmure ;
Dans un instant , ma sœur , je vais en décider :
Il doit auprès de moi se rendre sans tarder ;
Je brûle de sçavoir quel est son caractère.

CONSTANCE.

Oh ! c'est déjà beaucoup , sa personne a sçû plaire ;
Quand l'œil est prévenu par un air engageant.

L'esprit, sur tout le reste, est un juge indulgent.

LUCILE.

Le mien est difficile. Il faut qu'il examine ;
Vers Lisidor, pourtant, fortement il incline.
Je crois qu'il me convient ; & dans ce doux espoir,
Je me suis engagé à l'épouser ce soir.

CONSTANCE.

Vous l'aimez ?

LUCILE.

Oui : je sens un goût de préférence ;
Qui tient plus de l'amour que de l'indifférence.

CONSTANCE.

Je veux, de mon côté, vous confier, ma sœur,
Un secret....

LUCILE.

Un secret ? Ouvrez-moi votre cœur,
Je suis de bon conseil. Parlez, ma sœur cadette.
Eh quoi ! Vous rougissez ? Ah ! C'est une amourette.

CONSTANCE.

Non, c'est du sérieux.

LUCILE.

Du sérieux ? Ha ! ha !
Est-ce un amour parfait ?

CONSTANCE.

C'est mieux que tout cela.

LUCILE.

Mais, vous me surprenez ! Seroit-ce un mariage ?

CONSTANCE.

Justement. Nous avons ce soir même avantage.

LUCILE.

Comment donc ?

CONSTANCE.

Comme vous, je vais changer de sort,
Et sçachez, qui plus est, que j'épouse un Milord.

LUCILE.

Epouser un Milord ! Vous ? Quelle rêverie !

CONSTANCE.

De l'histoire entendez les détails, je vous prie.

LUCILE.

C'eſt ſans doute un Roman. Vous n'avez qu'à conter,
Miledi, me voilà prêt à vous écouter.

CONSTANCE.

C'eſt à la promenade où j'ai fait la conquête!
Mais ma mere qui vient, dans mon récit m'arrête.

LUCILE.

Quel contre-tems! Pourquoi paroît-elle ſi-tôt?

CONSTANCE.

Je rentre. Vous ſçaurez mon hiſtoire tantôt.

(Elle ſort.)

LUCILE ſeule.

Quel ſera ce récit que je brûle d'aprendre.

SCENE III.

CLARICE, LUCILE.

CLARICE.

Non, mon raviſſement ne ſçauroit ſe comprendre!
C'eſt peu qu'un prompt hymen, formé par la raiſon,
Termine un long procès qui troubloit ma maiſon;
L'Amour cimente encore votre bonheur, ma fille,
Et ſemble co courir au bien de ma famille:
Votre premiére vûe a charmé votre amant,
Et, plus que lui ſon pere eſt dans l'enchantement.
Ils viennent tous les deux. Liſidor qui vous aime,
De vous entretenir montre une envie extrême.

LUCILE.

Madame, à lui parler je n'ai pas moins d'ardeur.

CLARICE.

Il eſt ſûr de la main, il veut gagner le cœur.
J'entens du bruit, c'eſt lui qui vient avec ſon pere.

SCENE IV.

CLARICE, LUCILE, CLEON, LISIDOR.

CLEON à Lisidor.

SA figure est charmante.

LISIDOR.

Oui, si son caractére,
Comme je dois le croire, égale ses attraits,
Je ne desire rien ; mes destins sont parfaits.

CLARICE à Lucile.

Vous l'entendez, ma fille ?

CLEON.

O discours qui m'enchante !
Venez, je l'aperçois. Mon fils, qu'elle est piquante !

(à Clarice.)

Madame, tout succéde au gré de mon desir,
Votre sang & le mien cessent de se haïr,
Votre fille & mon fils sont formés l'un pour l'autre.

CLARICE.

Ma joie, en ce moment, est égale à la vôtre.
Rentrons ; notre présence est de trop, je le vois.

CLEON.

Oui : laissons-leur goûter pour la premiére fois,
Le plaisir d'être seuls & d'épancher leur ame.
En voyant leur amour, je rajeunis, Madame.

CLARICE à Cléon, en se retournant.

Jettez l'œil sur ma fille.

CLEON en s'en allant.

Et regardez mon fils.

LUCILE à part.

Ma mere se retourne.

LISIDOR.

Ils ne sont pas sortis.

CLARICE *en marchant toujours.*
Dans leurs tendres regards on lit la sympathie.

CLEON.

Embraſſons-nous ; ils vont s'aimer à la folie.
(*Ils rentrent en s'embraſſant.*)

SCENE V.

LISIDOR, LUCILE.

LISIDOR.

Souffrez , belle Lucile, en des inſtans ſi doux ,
Que je faſſe éclater mes tranſports devant vous.
De nos parens communs la guerre eſt terminée :
Qu'il eſt flateur pour moi d'être en cette journée
Qui couronne mes vœux & qui les rend amis ,
Le lien d'une paix dont vous êtes le prix !
Il ne manqueroit rien à mon bonheur ſuprême,
Si votre cœur , Madame, étoit ce prix lui-même.
Si le choix qu'ils ont fait pouvoit être le ſien ,
Et qu'il ſentit la joie où ſe livre le mien.

LUCILE.

Je ſens , comme je dois , le bien de ma famille ,
Ma mere à l'avouer , autoriſe ſa fille ,
Notre hymen le procure : un lien ſi flatteur
Doit avoir mon ſuffrage , & faire mon bonheur.

LISIDOR.

J'y mettrai tous mes ſoins & mon étude unique :
L'amour a prévenu chez moi la politique ;
Il n'a pas attendu , vos yeux m'en ſont garans ,
Pour entrer dans mon cœur , le choix de nos parens ;
Et le fils déteſtant une aveugle colére ,
N'a jamais partagé l'inimitié du pere.

LUCILE.

Monſieur , vous m'étonnez par de pareils aveux ,
Pour la premiére fois nous nous parlons tous deux ;

Comment votre tendresse est-elle donc venue?
LISIDOR.
L'amour que j'ai pour vous, je l'ai pris par la vûe,
Pour soumettre le cœur le plus séditieux,
Eh ! Ne suffit-il pas d'un regard de vos yeux ?
Comme nous demeurons fort près les uns des autres,
Dans le tems qu'éclatoit la querelle des nôtres,
J'étois à la fenêtre, & je vous vis passer ;
D'un coup d'œil enchanteur je me sentis percer.
Dieux ! m'écriai-je alors, quel objet adorable ?
Que sa douceur annonce un caractere aimable !
Et qu'on seroit heureux d'obtenir tant d'apas !
En formant de tels vœux, je ne m'attendois pas
Qu'ils seroient exaucés par le Ciel favorable,
Et qu'il m'accorderoit un bien si désirable.
LUCILE.
Un tel discours, Monsieur, flatte ma vanité,
Notre hymen déja prêt, & ma sincérité
Exigent qu'à mon tour je rompe le silence,
Et de mes sentimens vous fasse confidence ;
A ne vous rien cacher de leurs replis secrets,
Votre histoire, Monsieur, est la mienne à peu près.
LISIDOR.
O ! Ciel ! Est-il possible ?
LUCILE.
     Un jour que vous passâtes
Et d'un air très-poli, que vous me saluâtes,
Je ne puis m'empêcher de vous faire l'aveu
Que vos tendres regards me troublérent un peu ;
Je vous voulus du bien, je ne sçaurois le taire,
Et vous me plutes même autant qu'on peut me plaire ;
J'osai, sans l'espérer, souhaiter comme vous,
Quand ma mere pour moi feroit choix d'un époux,
Que le sort réunît ma maison & la vôtre.
Et que ce choix tombât sur vous, non sur un autre.
LISIDOR.
Que tout ce que j'entens a lieu de me flatter !
Ce que vous m'avez dit, daignez le répeter :

Parlez, est il bien vrai, qu'à la première vûe,
Madame, en ma faveur, vous fûtes prévenue ?
Sentîtes-vous dès-lors, comme je le sentis,
Ce qu'éprouvent deux cœurs faits pour être assortis,
Ce trouble avant-coureur, qu'un grand amour inspire ?

LUCILE.

Si je parlois ainsi, ce seroit trop vous dire;
Outre qu'en une fille il seroit peu décent
De déclarer d'abord un amour si pressant,
J'ignore ces ardeurs, qui font que l'on soupire;
Et ces brûlans transports qui sentent le délire;
Ma tendresse est un goût vif sans être importun,
Et qui, sans m'agiter, me prévient pour quelqu'un.
Vous m'inspirâtes donc, Monsieur, ce goût paisible,
Et le seul dont mon cœur puisse être susceptible.

LISIDOR

Quelque foible qu'il soit auprès de mon ardeur,
Ce goût pour moi, Madame, est toujours bien flatteur.
J'espére l'augmenter par ma flàme parfaite :
Mon ame au changement ne fut jamais sujette;
Et bien loin d'atiédir les feux de mon amour,
L'hymen redoublera leur force chaque jour.
Des époux d'aujourd'hui, que je ne sçaurois suivre,
J'ai toujours condamné la maniére de vivre,
Ils n'envisagent tous dans leur engagement
Que l'avantage seul d'un établissement
L'usage & l'intérêt déterminent leur ame,
Sur le pied d'une charge, ils prennent une femme,
Et les tendres devoirs du lien conjugal,
Sont remplis les derniers, & toujours le plus mal.
Mon suplice est de voir un mari petit-maître,
Eviter son épouse, & rougir de paroître
Avec elle en public ; quoique charmante enfin,
Il croiroit déroger, s'il lui donnoit la main.
Mon cœur est révolté contre des mœurs semblables,
Qui d'un lien charmant font des nœuds méprisables;
Elles blessent l'amour, & choquent le bon sens.
Oui, malgré la coutume, & les mauvais plaisans,

Je veux suivre les loix que la raison inspire,
Adorer ma moitié, je veux oser le dire,
Mettre toute ma gloire à posséder son cœur,
De sa félicité faire tout mon bonheur ;
Je veux, sans me lasser du nœud qui nous assemble,
Lui prodiguer mes soins, à toute heure être ensemble,
Avec elle n'avoir qu'un même apartement,
Et sous le nom d'époux être toujours amant.

LUCILE.

Un semblable projet est digne qu'on le loue ;
Mais j'y vois un défaut, Monsieur, je vous l'avoue.

LISIDOR.

Quel !

LUCILE.

C'est de n'être beau qu'en spéculation ;
Il faut, pour le remplir, trop de perfection,
Et dans le fond du cœur vous le pensez vous-même.

LISIDOR.

Non, pour l'executer il suffit que l'on s'aime,
Croyez-en ma tendresse, & daignez l'aprouver.

LUCILE.

Vous ne parlez ainsi qu'afin de m'éprouver.

LISIDOR.

L'aveu que je vous fais, Madame, est véritable,
Et je ne conçois point de bonheur comparable
A la félicité que goûtent, chaque jour,
Deux époux occupés d'un mutuel amour.
Quel plaisir de s'aimer, de le dire à toute heure,
De se voir sans obstacle en la même demeure !

LUCILE.

Et voilà le malheur ! On a tout surmonté.
L'amour s'éteint toujours par la facilité :
Les grandes passions naissent des grands obstacles,
Et l'hymen n'a jamais produit de tels miracles,
L'unique & vrai moyen de s'aimer sûrement,
Est, quand on est époux, de se voir rarement ;
On se doit éviter si-tôt qu'on se posséde,
L'ennui gagne auttement, puis la haine succéde.

LISIDOR.

LISIDOR.

Ce que vous dites-là pouvez-vous le penfer !
De fe voir, quand on s'aime, ah ! peut-on fe laffer !
Deux cœurs qui font d'accord , ne craignent que l'ab-
     fence.

LUCILE.

Du contraire en hymen, on fait l'expérience.
Etre enfemble toujours ! Sentez-vous ce danger ?
Je bâille en ce moment, feulement d'y fonger ;
C'eft pourquoi je m'en tiens au fyftême à la mode,
Comme plus agréable, & comme plus commode :
Je ne puis m'élever à ces grands fentimens.
Malgré votre éloquence, & vos raifonnemens,
Je veux fuivre les loix que le grand monde infpire
Eftimer mon mari, mais fans jamais le dire ;
Chérir la liberté, la préférer à tout,
Par-là, du mariage, éviter le dégoût ;
Et pour nous délaffer du nœud qui nous affemble,
Me diffiper ailleurs, n'aller jamais enfemble,
Mettre un corps de logis pour barriére entre nous,
Et vivre en Etrangers, fous le titre d'époux.

LISIDOR.

Pouvez-vous bien, Madame, adopter ce fyftême?
Vous voulez donc aimer? ...

LUCILE.

     Comme aujourd'hui l'on s'aime.

LISIDOR.

D'un mépris éclatant, c'eft me faire l'aveu.
Mais votre efprit s'égaye, & c'eft fans doute un jeu.

LUCILE.

Oh ! Point du tout, Monfieur ; c'eft mon cœur qui
     s'exprime.

LISIDOR.

Pardon, fi je vous dis, que faite pour l'eftime ;
Et trop fûre d'avoir tout mon attachement,
Vous perdez à montrer un pareil fentiment :
Mais mon amour fçaura l'arracher de votre ame.

LUCILE.

Il y tient fort ; j'en doute.

LISIDOR.

Et j'en suis sûr, Madame.
Oui, vous pensez trop bien pour n'en pas revenir.
Mes soins, dès que l'Hymen aura sçû nous unir,
Dessilleront vos yeux d'une erreur si fatale,
Vous connoîtrez le prix d'une tendresse égale ;
Pour mieux vous détromper, mon cœur forme le plan
D'abandonner Paris cinq ou six mois de l'an ;
De vivre pour vous seule en mon Château tranquille,
Et de le préférer au fracas de la Ville.

LUCILE.

Monsieur, c'est ce fracas que j'aime à la fureur,
Et j'ai pour la campagne une invincible horreur ;
A moins que je ne parte en grande compagnie,
Dès que j'y mets le pied, je tombe évanouie.

LISIDOR.

Peut-on haïr les Champs, l'asyle de l'Amour,
Et, des biens les plus purs, le paisible séjour ?

LUCILE.

Peut-on quitter la Ville, où toute chose abonde,
Le siége des plaisirs, le centre du beau monde ?
Il n'est que des maris ombrageux & jaloux,
Qui puissent, pour Paris, montrer de tels dégoûts.

LISIDOR.

C'est par délicatesse, & non par jalousie,
Que je vous proposois une telle partie.

LUCILE.

Mais dans votre Château, qu'est-ce que nous ferions ?

LISIDOR.

Nous nous verrions sans cesse, & nous nous aimerions.

LUCILE.

Il faut avoir l'esprit tout-à-fait romanesque,
Pour se faire, d'aimer, un plan aussi burlesque !
Pour une jeune femme, ô l'amusant régal !
Faire, avec son époux, un Roman Pastoral,
S'épancher sur la mousse en tendres Dialogues,

Et composer ensemble un volume d'Eglogues ;
Ou , comme au tems d'Astrée , aller dans les Valons
En habit de Bergers , conduire nos Moutons,
Prendre la Pannetiére , arborer la Houlette ,
Et chanter nos amours sur la douce Musette.

LISIDOR.

On donne , quand on veut , du ridicule à tout ;
Mais, Madame, dans peu vous changerez de goût ;
Vous n'aurez pas vécu dix jours à la campagne ,
Que vous me vanterés la paix qui l'accompagne.

LUCILE.

M'unir à vous pour vivre au fond d'un vieux Château !
Je frémis d'un dessein qui vous paroît si beau :
Je n'y pourrois mener qu'une mourante vie,
Moi , qui sans l'Opéra , le Bal , la Comédie ,
Ne sçaurois concevoir qu'on puisse respirer.

LISIDOR *à part.*

Quel fond d'esprit coquet elle ose me montrer !

(*haut.*)

Mais je vous donnerai le Bal par complaisance :
Car , à vous dire vrai , je n'aime pas la danse.

LUCILE.

Vous n'aimez pas la danse ? Ah ! Que me dites-vous ?
C'est des amusemens le plus charmant de tous.

LISIDOR.

Ajoutés le plus fou.

LUCILE.

C'est tant mieux. A votre âge ,
Pouvez-vous me tenir un semblable langage !
Est-il possible , ô Ciel ! de vivre sans danser ?
Pour moi, je danserois huit jours sans me lasser.

LISIDOR.

C'est votre passion. La Musique est la mienne ;
Mais singuliérement j'aime l'Italienne.

LUCILE.

Musique Italienne ! Ah ! Quel goût dépravé !

LISIDOR.

Par tous les vrais Sçavans il se voit aprouvé.

LUCILE.

Il me prend des vapeurs au seul nom de Cantate;
Je pensai l'autre jour mourir d'une Sonnate.

LISIDOR.

Oh! Pour moi, si j'en meurs, ce sera de plaisir.
La Musique, après vous, aura tout mon loisir.

LUCILE.

La Musique après moi! La fleurette est nouvelle;
Mais c'est encore beaucoup d'avoir le pas sur elle.

LISIDOR.

Je suis bien malheureux! Chaque mot que je dis,
Madame, a le secret d'attirer vos mépris.

LUCILE.

C'est vous-même, Monsieur, qui m'osés contredire;
A tous mes sentimens vous trouvez à redire,
Quoiqu'ils soient bien fondés, & que vous ayiez tort.

LISIDOR.

Les miens, sur la raison sont appuyés si fort...

LUCILE.

Non, Monsieur, non, mon droit l'emporte sur le vôtre.

SCENE VI.

LISIDOR, LUCILE, CONSTANCE.

CONSTANCE.

COmment donc! Vous parlez vivement l'un &
    l'autre;
Je sçai votre dispute, & n'en ai rien perdu:
J'étois dans cette chambre, où j'ai tout entendu.

LUCILE.

Vous nous épargnerez le soin de vous instruire.

LISIDOR.

Madame, jugez-nous; daignez ici nous dire
Quel systême, entre époux, vous paroît le meilleur?

CONSTANCE.

Il ne me convient pas d'en décider, Monſieur.

LUCILE.

Votre ſœur le permet, expliquez-vous, Conſtance.

CONSTANCE.

Si je dis là-deſſus ce que mon ame penſe,
Il faudra, malgré moi, déplaire à l'un de vous.

LISIDOR à *Conſtance.*

Quoi que vous prononciez, l'arrêt m'en ſera doux.

LUCILE.

J'ai l'eſprit trop bien fait pour en être offenſée.

CONSTANCE.

Les époux, puiſqu'il faut découvrir ma penſée,
Doivent, pour être heureux dans leurs engagemens,
Se parler comme amis, & vivre comme Amans.

LISIDOR.

Madame, vous voyez que mon bon droit l'emporte.

LUCILE.

Oh! Je me moque, moi, d'un arrêt de la ſorte.
Une fille comme elle, & dont l'œil n'a pû voir
Le monde qu'à travers les grilles d'un parloir,
Qui s'eſt rempli l'eſprit d'amoureuſes ſornettes,
Et, du matin au ſoir, lit des Hiſtoriettes,
Ne peut que mal juger pareille queſtion.
Je compte avoir gagné par ſa déciſion;
Et ſi ſon jugement m'eût été favorable,
J'en aurois eu, Monſieur, un regret véritable.

LISIDOR.

De la droite raiſon elle a ſuivi les loix;
Votre eſprit eſt ſi juſte, & ma cauſe à la fois,
Que j'apelle de vous à vous-même, Madame.
Je vous laiſſe y ſonger; un retour de votre ame
Va me faire gagner, en accordant nos goûts,
Ce qu'un premier tranſport m'a fait perdre chez vous.

LUCILE.

Non, dans mes ſentimens je ſuis toujours conſtante.

F

L I S I D O R bas, en s'en allant.
Sous un air de douceur elle est contrariante.
L U C I L E à part.
Peut-on penser si mal étant aussi-bien fait ?

- - -

S C E N E   VII.

L U C I L E,   C O N S T A N C E.

L U C I L E à Constance.
A Propos, vos amours ? Je brûle d'être au fait
Du récit de tantôt.

C O N S T A N C E lui donnant une lettre.
Tenés, pour vous y mettre,
Ma sœur, prenés le soin de lire cette lettre.

L U C I L E.
La lettre d'un Milord ! Oh ! Pour la nouveauté ,
Voyons ; vous redoublez ma curiosité.

(Elle lit.)
Vous avoir vûe avant hier au Thuilleries avec votre
sœur, pour la premiére fois ; n'avoir sçu votre nom & vo-
tre demeure que par un de mes gens, qui a suivi votre
carosse en sortant ; vous avoir adorée depuis ce moment ;
là ; oser vous l'écrire aujourd'hui, dans l'impossibilité de
vous le dire ; & vouloir vous épouser après demain, si
vous & les vôtres y consentés ; tout cela vous dit, Ma-
dame, que vous êtes Françoise, c'est-à-dire, faite pour
faire naître d'un coup d'œil la passion la plus rapide, &
que je suis Anglois, c'est-à-dire, extrême, & né pour
sentir plus fortement qu'un autre, & pour agir en consé-
quence.

(Elle s'interrompt.)
Cette façon d'écrire est très-particuliére.
C O N S T A N C E.
Vous n'êtes pas au bout. Lisez la lettre entiére.

LUCILE *continue à lire.*

Comme j'ignore le cérémonial de votre pays, & que je
suis pressé d'être heureux, je n'attends que votre réponse
pour vous faire demander à Madame votre mere. Et je
vous dirai, pour abreger, que je suis homme de qualité,
maître de moi-même, à l'age de vingt-six ans, & que
ma richesse est égale à mon amour.

MILORD GUINÉE.

(*Après avoir lû.*)

Le nom est vraiment riche. On s'est moqué de vous.
Allés, vous êtes folle avec vos Billets doux.

CONSTANCE.

Comment donc ?

LUCILE.

Oui, ma sœur, c'est moi qui vous l'assure,
Quelqu'un qui vous connoît pour aimer la lecture.
De tout ce qu'on apelle aventure du tems,
Et pour croire les Faits les plus extravagans,
Aura fait, à coup sûr, cette lettre pour rire,
Ou vous-même avez eu l'honneur de vous l'écrire.

CONSTANCE.

Moi ! M'écrire !

LUCILE.

A la fin, tous ces livrets d'amour
Lui tourneront la tête. Il faut que dans ce jour
J'avertisse ma Mere, afin que sa prudence
Arrête le progrès de cette extravagance.

CONSTANCE.

Epargnez-vous ce soin, car ma Mere sçait tout,
Et l'hymen du Milord est très-fort de son goût,
Mon Oncle en fit hier la premiére ouverture.

LUCILE.

Fort bien ! C'est pour donner du poids à l'aventure.
Mais ce Seigneur Anglois, le connoissez-vous ?

CONSTANCE.

Non.

LUCILE.

Voilà qui me confirme en mon juste soupçon.

CONSTANCE.

Oh ! Pour le diffiper, il va bien-tôt paroître ,
Vous pourrez , comme moi, le voir & le connoître.

LUCILE.

Voyons donc la réponfe au Billet que j'ai lû.
Comment l'avez-vous faite ?

CONSTANCE.

Oh ! Telle qu'il m'a plû.
Vous me pouffez à bout, & ma douceur fe laffe,
Ma fœur aînée. Adieu , je vous quitte la place.
Ce que vous avez pris pour un conte inventé,
Sera pour moi, ce foir , une réalité.
Vous me traités en vain ici de ridicule.
Les effets convaincront votre efprit incrédule.
Dans peu votre cadette aura le pas fur vous,
Et fera Miledi , malgré tous les jaloux.

(Elle fort.)

SCENE VIII.

LUCILE *feule*.

ME diroit-elle vrai ? J'ai ri de fon hiftoire,
Et dans le fond du cœur je commence à la croire
Mon Oncle avec ma Mere eft par elle cité ,
Cela donne à la chofe un air de vérité.
Mais vraiment de fes yeux la premiére victoire
Eft brillante pour elle , & doit flatter fa gloire.
On entre. Quel eft donc ce Seigneur que je vois :
Il a l'air étranger. Seroit-ce notre Anglois ?

SCENE IX.

LUCILE, MILORD, GUINE'E.

MILORD.

AH! Madame, bon jour. Enfin Milord Guinée
Va voir à votre sort unir sa destinée.

LUCILE *à part.*

C'est lui.

MILORD.

Tout du plus loin que mon œil vous a vû,
Pour Constance d'abord il vous a reconnu.

LUCILE *à part.*

Il me prend pour ma Sœur.

MILORD.

Oui, c'est votre visage.
En faveur de l'amour, faites grace au langage.
Tourner un compliment n'est pas l'art d'un Anglois;
Mais regardez mes yeux, ils parlent bon François.
Et vous disent tout haut, sans détour, sans emblême,
Que plus que vingt Marquis, moi tout seul je vous aime;
Que si dans les instans d'un si doux entretien,
Ma bouche parle mal, mon cœur dire fort bien.
Et que sans s'arrêter à des douceurs frivoles,
Les effets d'un Milord valent bien les paroles.

LUCILE *à part.*

Il parle de bon sens, & m'en veut tout de bon.
Ses gens qui l'ont instruit, se sont mépris de nom.
Ce qui m'enchante, moi, ma Sœur s'en croit aimée,
Et c'est moi, sous son nom, dont son ame est charmée.
Badinons un moment. Je ne lui vole rien:
En prenant ce plaisir je jouis de mon bien.

MILORD.

Que dites-vous à part. Pardon si j'interroge.

F 5

LUCILE.

En moi-même, Monsieur, je faisois votre éloge.

MILORD.

Oh! Moi douter d'un bien qu'on dit de moi tout bas,

LUCILE.

Si je le répétois, vous n'en douteriez pas.

MILORD.

Répéte, vous, répéte en ce moment, Madame,
Estre loué par vous enchantera mon ame.

LUCILE.

Hé bien, puisqu'il faut donc tout haut le répéter,
Je me disois, Milord, cela sans vous flâter,
Que dans votre discours régnoit un air sincére,
Que vos façons d'agir avoient l'art de me plaire,
Et que vous ajoûtiez à l'inclination
Que j'ai depuis long-tems pour votre nation;
Mon cœur lui rend justice avec toute la terre.

MILORD.

Vous faire infiniment d'honneur à l'Angleterre.
Pour mieux justifier votre estime pour nous,
Moi, vous mener à Londres en qualité d'époux,
Vous, recevoir l'accueil & tout l'éclat insigne,
Que mérite mon rang, & dont vous êtes digne,

LUCILE.

Est-on là sans façon ?

MILORD.

Un peu plus qu'à Paris.
Vivre à sa fantaisie est un droit du Païs;
Et nos maris Anglois effacent en dépense,
Et passent en bonté tous vos maris de France.
Londres est pour le beau sexe un séjour enchanté,
L'opulence y préside avec la liberté.

LUCILE.

Avec la liberté! C'est tout ce que j'estime
Faire ce que je veux fut toujours ma maxime.

MILORD.

Et la nôtre. Avec vous être bien assorti.
Suivre en tout son caprice, oh ; Rien n'est plus genti,

Rien n'eſt plus amuſant ; & quand on ſe marie
C'eſt ce qui fait ſur-tout le plaiſir de la vie.
Le matin, l'un & l'autre, on s'aime tendrement.
Des careſſes, beaucoup. Beaucoup d'empreſſement.
L'après-midi, tous deux, beaucoup d'indifférence.
Ne pas ſe regarder, reſter dans le ſilence.
Enſuite revenir, ſe reprendre de goût.
Dans le moment d'après ſe chicaner ſur tout,
On boude, on ſe bat froid, puis tous deux on s'agace ;
On ſe pique, on ſe bruſque ; enſuite l'on s'embraſſe.
On ſe rebrouille encore, ſelon ſa volonté ;
Chacun, comme il lui plaît, s'en va de ſon côté :
On ſe fuit tout le jour, ſans qu'on ſe déſaprouve ;
Et puis, Madame, & puis, le ſoir, on ſe retrouve.

L U C I L E.

Ah ! l'agréable vie, & quel aimable Anglois !
Il penſe là-deſſus auſſi bien qu'un François.

M I L O R D.

Hem ! Comment trouvez-vous notre façon de vivre ?

L U C I L E.

Charmante, variée, & celle qu'il faut ſuivre.

M I L O R D.

Vous l'aimez donc ?

L U C I L E.

Beaucoup.

M I L O R D.

J'en ſuis fort réjoui.

Avec bien du plaiſir vous voir l'Angleterre ?

L U C I L E.

Oui.

S'il dépendoit de moi je ferois ce voyage.

M I L O R D.

Vous le ferez. Je cours preſſer mon mariage.
Il me tarde déja de nous voir en chemin.
Nous épouſer ce ſoir, & nous partir demain.

L U C I L E à part.

C'eſt trop rire. Il eſt tems que je le déſabuſe.

F 6

(*à Milord.*)

Vous êtes dans l'erreur, Milord, & je m'accuse...

MILORD.

Oh ! Point d'erreur chez moi, je puis vous l'attester,
Madame....

LUCILE.

Faites-moi l'honneur de m'écouter.

MILORD.

Je ne me trompe pas, Constance, je vous aime.

LUCILE.

Mais, Milord, c'est ma Sœur....

MILORD.

Point du tout, c'est vous-même.

LUCILE.

C'est un mal-entendu ; ma Mere, & d'autres nœuds
Oposent en ce jour un obstacle à vos vœux.

MILORD.

Madame votre Mere aprouve fort ma flâme,
Et veut que, dès ce soir, sa fille soit ma femme.
Je dis vrai, vous devez me croire.

LUCILE.

Ouï, je vous croi ;
Mais elle ne veut pas que vous m'épousiez, moi.

MILORD.

J'épouse vous, j'épouse ; & dans cette assurance,
Dispose le départ pour vous, belle Constance.
Adieu. Prenant demain la route de Calais,
Je prive pour toujours Paris de vos attraits ;
Et dans huit jours d'ici, j'ose vous en répondre,
Son plus grand ornement fera l'éclat de Londres.

(*Il part.*)

LUCILE.

Puisqu'il le veut ainsi, laissons-lui son erreur ;
Et prenons le parti d'en avertir ma Sœur.

Fin du premier Acte.

ACTE II.

SCENE PREMIERE.

ARLEQUIN, LISETTE.

ARLEQUIN *riant.*

LA chose est trop risible, ou le diable m'emporte!
Ha, ha, ha!

LISETTE.

Qui t'oblige à rire de la sorte?

ARLEQUIN.

Lucile & Lisidor grondent, en ces instans,
Si fort, qu'on les croiroit mariés dès long-tems.

LISETTE.

Ils ont une dispute?

ARLEQUIN.

Oui vraiment, des plus vives;
Et je les ai laissés bien près des invectives.

LISETTE.

Sur quoi donc?

ARLEQUIN.

Oh! Sur-tout. Primò, sur les habits.
D'abord l'un veut du vert, & l'autre veut du gris.

LISETTE.

C'est toujours sur des riens qu'on prend feu, qu'on se
pique,
Et qu'on voit allumer la guerre domestique.
Mais, ton Maître, sans doute, a cédé poliment.

ARLEQUIN.

Oui, voyant que Lucile insistoit vivement,
Il lui répond : Madame, eh! pour des bagatelles
Faut-il nous disputer & former des querelles?

Je ne crois obligé de vous dire, en honneur,
Qu'il faut, pour vivre enfemble, un peu plus de douceur
J'en ai beaucoup, & vous, fort peu de complaifance,
Repart-elle auffi-tôt, d'un air de pétulence.
Madame, en vérité, vous me parlez d'un ton...
Et vous me repliquez, Monfieur, d'une façon...
Mais il n'eft plus moyen qu'avec vous ie converfe...
Mais il faut tous les deux que nous rompions commerce.
Madame, fentez-vous la force de vos mots?
Et vous-même, Monfieur, celle de vos propos?
Dans le tems qu'ils étoient en train de fi bien dire,
Je fuis forti tenant mes deux côtés de rire:
Tout grave que je fuis, fi je fuffe refté,
A leur nez fûrement tout haut j'euffe éclaté.
Mais mon Maître paroît, je l'entens qui murmure.

L I S E T T E.

Adieu. Je vais fçavoir ce que dit fa future.

(Elle rentre.)

SCENE II.

LISIDOR, ARLEQUIN.

L I S I D O R

O Ciel! Quel eft l'état où fes difcours m'ont mis!
Ils détruifent l'efpoir que je m'étois promis.
Quel efprit! Je n'ai vû rien d'égal en ma vie.
On ne peut dire un mot qu'elle ne çontrarie.
Deux converfations que nous venons d'avoir,
M'ont réduit prefqu'au point de ne plus la revoir.
La contradiction a fini la premiére.
La feconde a produit l'aigreur & la colére.

A R L E Q U I N.

De droit, à la troifiéme ils doivent s'étrangler.

L I S I D O R.

Que fera-ce, grand Dieu! Cela me fait trembler!

Quand nous ferons liés d'une chaîne éternelle;
Notre hymen ne fera qu'une longue querelle.
Sans le raport d'humeurs, que fervent les attraits?
Ah! Je fens qu'ils ne font qu'augmenter mes regrets.
L'amour qui m'attendrit, la haine qui m'irrite,
Me livrent tous les deux un combat qui m'agite.
Lucile tour à tour, & me charme & m'aigrit.
J'adore fa figure, & je hais fon efprit.
Je me fens par fa grace attirer en partie,
Et pour fes fentimens j'ai de l'antipathie.
Ses yeux touchent mon ame, & par tous fes difcours,
Sa bouche en même-tems la révolte toujours.
Quel état douloureux! Et quels tourmens févéres,
D'éprouver à la fois deux paffions contraires!
Et pour un même objet de les fentir encor,
Sans pouvoir fe fixer, ni prendre fon effor!
Une des deux fuffit pour faire notre peine.
Amour, fors de mon cœur, ou chaffes-en la haine,
Finis par la victoire, ou par la fuite enfin,
Le cruel embarras de mon cœur incertain.

ARLEQUIN.

Ceci devient tragique, & je n'ofe plus rire.

LISIDOR.

Pour foulager ce cœur, je veux, je veux écrire
Les juftes fentimens qui viennent l'émouvoir,
A celle qui les caufe & fait mon défefpoir.
Ma main va vous tracer une lettre d'un ftile
Qui vous fera fentir tous vos défauts, Lucile.

ARLEQUIN.

Fort bien! Il va lui faire, en fon aigre dépit,
Sa déclaration de haine par écrit.

LISIDOR.

La façon dont par nous elle fera touchée,
N'aura pas la fadeur qui nous eft reprochée.
Voici fur cette table, encre, plume, papier.
A peindre mes tranfports je vais les employer.

(Il écrit, & prononce haut ce qu'il met fur le papier.)

» Madame, vous avez la figure charmante;

» Votre air prévient d'abord, votre coup d'œil enchante.
ARLEQUIN.
Il tient mal sa parole, à ce qu'il me paroît.
Voilà l'amour qui parle, & la haine se taît.
LISIDOR *continue d'écrire.*
» Mais vous faites bien-tôt paroître un caractére,
» Un travers dans l'esprit qui ne peut que déplaire.
ARLEQUIN.
Bon ! La fureur revient, & la haine a son tour.
LISIDOR *écrit toujours.*
» Votre premiére vûe inspire de l'amour.
» Le plus fier est contraint de vous rendre les armes.
» Mais votre humeur détruit l'ouvrage de vos charmes,
» Ou les balance au point, que souvent on ne sçait
» Si l'on aime avec vous, Madame, ou si l'on hait.
ARLEQUIN.
Quel discours !
LISIDOR *acheve d'écrire.*
» La hauteur & la bizarrerie,
» La contradiction & la coquetterie
» Forment le riche fond de votre naturel,
» Et font avec vos yeux un contraste éternel.
ARLEQUIN.
Le brillant coloris ! La charmante peinture :
Lucile est, par ma foi, tirée en mignature !
LISIDOR.
Mais, d'un premier transport je suis trop la chaleur,
Et mes expressions respirent trop l'aigreur.
Lucile est, après tout, d'un sexe respectable.
D'adoucir cette fin il est plus convenable.
ARLEQUIN.
Oui, le beau sexe veut plus de ménagement.
Dans ces occasions, j'écris tout autrement.
LISIDOR.
Ce terme ne dit pas tout ce que je veux dire...
J'ai trouvé pour le coup celui que je desire...
Oui, la fin de ma lettre est beaucoup mieux ainsi ;
Sans affoiblir le sens, le tout est adouci.

(*à Arlequin.*)
A Lucile, va cours, porte-la fans remife.
Mon ame eft foulagée.... Attens que je relife.
(*Il lit.*)
>> Dément la douceur.... Il eft encore trop fort....
Non, elle le mérite, & je m'allarme à tort.

ARLEQUIN.

Lifez-la-moi de fuite, ainfi qu'elle eft tracée ;
Et je vous en dirai franchement ma penfée.

LISIDOR.

Tiens, porte-la fans faire ici le raifonneur.
Ce maroufle avec moi tranche du Gouverneur.

ARLEQUIN.

Puifque vous le voulez, Monfieur, je vais la rendre.

LISIDOR.

Demeure.... Je ne fçai quel parti je dois prendre.

ARLEQUIN.

Je crois voir votre pere ; & , fans plus héfiter,
Vous pouvez, là-deffus, Monfieur, le confulter.

LISIDOR.

Ah ! C'eft à lui, fur tout, qu'il faut que je le céle ;
Ce feroit lui porter une atteinte mortelle.
Je l'aime trop. Je dois immoler aujourd'hui,
Ma haine pour Lucile à mon refpect pour lui.
Il vient. De mon courroux fon afpect fe rend maître ;
Je ne fçai qu'obéir en le voyant paroître.
            à Arlequin.
Vîte, cache ma lettre & ne la donne pas.

SCENE III.

CLEON, LISIDOR, ARLEQUIN.

CLEON.

MOn fils, exprès pour vous, je porte ici mes pas.
Parlons de votre ardeur pour votre prétendue ;

Ses discours, son esprit sans doute l'ont accrue.
Elle paroît avoir un caractére doux,
Et je crois qu'elle pense à peu près comme vous.
N'est-il pas vrai ?

LISIDOR.
Mon pere...
CLEON.
Eh bien, qui vous arrête?
Vous paroissez changé.
LISIDOR.
C'est un grand mal de tête,
Il m'a pris tout à l'heure, il se dissipera.
ARLEQUIN *à part.*
Je crains pour sa durée ; il prend sa source là.
CLEON.
Venez pour prendre l'air, rien n'est plus salutaire;
Aussi bien nous avons des visites à faire.
LISIDOR.
Mon pere, je suis prêt à vous accompagner.
(bas à Arlequin en sortant.)
Arlequin, souviens-toi, de ne pas la donner.
(Il sort avec Cléon.)

SCENE IV.
ARLEQUIN *seul.*

IL respecte son pere, en cela je l'aprouve.
Il a beau lui cacher les tourmens qu'il éprouve;
Je crains que ce conflit de colére & d'amour,
Ne lui fasse tourner la cervelle en ce jour.
Mais sa fiévre me prend, elle est contagieuse;
Et je sens pour Lisette une haine amoureuse.

S C E N E V.

ARLEQUIN, LISETTE.

LISETTE.

ARlequin, te voilà ! Je te retrouve encor ?
Que ma maîtresse hait à préfent Lifidor !

ARLEQUIN *contrefaifant fon maître.*

Madame, vous avez la figure charmante.
Votre air prévient d'abord, votre coup d'œil enchante.

LISETTE.

Ah ! Monfieur Arlequin, que vous êtes poli.
Vous-même, en vérité, vous êtes bien joli.

ARLEQUIN.

Mais vous faites bien-tôt paroître un caractére,
Un travers dans l'efprit qui ne fçauroit me plaire.

LISETTE.

Voyez donc l'infolent ! Sçais-tu bien qu'à mon tour.....

ARLEQUIN.

Votre premiére vûe infpire de l'amour ;
Le plus fier eft contraint de vous rendre les armes :
Mais votre humeur balance à tel point tous vos charmes,
Qu'on ne fçait fi l'on doit, à ne point vous flater,
Vous embraffer, Madame, ou bien vous fouffleter.

LISETTE.

Es-tu donc fou ?

ARLEQUIN.
		L'aigreur & la bizarrerie,
La contradiction & la coquetterie,
Forment le riche fond de votre naturel,
Et font avec vos yeux un contrafte éternel.

LISETTE.

C'eft bien à toi, faquin, de te moquer des autres ;
Toi, de qui les défauts furpaffent tous les nôtres.
Un menteur, un balourd, un yvrogne maudit.

ARLEQUIN.

J'adore sa figure, & je hais son esprit.

LISETTE.

Il me dit des douceurs, puis des impertinences ;
Mais je ne comprens rien à ses extravagances !
Qui peut donc l'obliger à parler comme il fait ?
Est-ce gageure, yvresse, ou folie en effet ?

ARLEQUIN.

Eh ! Ne voyez-vous pas qu'en cet instant mon ame,
Se trouve entre l'amour & la haine, Madame ?

LISETTE.

Dis-moi, que signifie encore ce propos ?

ARLEQUIN.

Ce propos que je tiens signifie en deux mots,
Que c'est mon maître au vrai qu'ici je parodie.
Il est l'original, & je suis la copie.
Ma bouche devant toi ne fait que répéter
Ce que pour ta maîtresse il a fait éclater.
Ses défauts il les hait ; ses charmes il les aime,
Et, par contagion, je fais pour toi de même.

LISETTE.

Pour imiter Lucile, aprens en ce moment,
Que je te hais beaucoup, & t'aime foiblement.
Je ne vois plus en toi qu'un fat digne de blâme ;
Tes vertus ne font plus que glisser sur mon ame,
Et tes défauts tous seuls, dont je me sens blesser,
S'y gravent fortement pour ne plus s'effacer.

ARLEQUIN.

Oh ! Voilà le beau sexe ! Il est, pour notre peine,
Volage en son amour, & constant dans sa haine.

LISETTE.

Il faut dans les accès de l'humeur qui l'aigrit,
Voir agir ma maîtresse, oüir ce qu'elle dit.
Qu'elle sçait bien haïr ! Pour peu qu'on lui déplaise,
Moi, je ne suis auprès qu'une esquisse mauvaise.
Un coup de tête en elle, un geste, un de ses tons,
Un regard en dit plus…. Elle vient, écoutons,
Car elle parle seule.

SCENE VI.

LUCILE, ARLEQUIN, LISETTE.

LUCILE.

AH! Que je suis piquée!
Plus je pense à cet homme, & plus j'en suis choquée;
Avant que de s'aimer, il faut s'être connu.
D'abord, par sa figure, il m'avoit prévenu.
Mais par tous ses discours il m'a bien détrompée.
Ce n'est qu'en ridicule, qu'en mal qu'il m'a frapée;
Qu'une heure d'entretien m'a fait voir de défauts!
Qu'il est de mauvais goût, & qu'il a l'esprit faux!
Sous un dehors fardé de fausse politesse,
C'est un pédant qui veut avoir de la finesse,
Gothique en son amour, fade dans ses douceurs;
Qui plaisante aussi mal, qu'il juge des couleurs.
D'autant plus révoltant alors qu'il vous conteste,
Qu'il est opiniâtre avec un air modeste.
Mais ce dont mon esprit est le plus irrité,
Il prend avant l'hymen un ton d'autorité.
Donnant son sentiment comme une régle à suivre,
Il veut me gouverner, il veut m'aprendre à vivre.
Il s'est bien adressé de toutes les façons;
C'est bien à moi, vraiment, qu'on donne des leçons!
Avant la fin du jour, je lui ferai connoître
Qu'un cœur comme le mien ne peut souffrir de maître;
Que qui veut le soumettre à son opinion,
S'attire sans retour sa juste aversion.
Je me fais, par avance, une douceur maligne,
De la faire éclater d'une maniére insigne;
Et de lui témoigner très-énergiquement,
Qu'on ne peut le haïr plus amicalement.

LISETTE à *Arlequin.*

Hem ! T'avois-je menti ?

ARLEQUIN.

L'on voit bien qu'elle est femme,
Du premier bond la haine est entrée en son ame.

LUCILE.

J'aurai la même joye à faire un tel aveu,
Que l'on a , quand on aime , à déclarer son feu,
Lisette.

LISETTE.

Me voici.

LUCILE.

Quel est ce tête-à-tête ?

LISETTE.

Arlequin qui babille , & qui toujours m'arrête,
Me parloit de son maître.

LUCILE.

Aprens-moi sur quel ton,
Qu'en dit-il ?

ARLEQUIN.

Moi , du bien. Mon maître est un Caton,
Il est à vingt-huit ans un miroir de sagesse,
Et doit servir d'exemple à toute la jeunesse.

LUCILE.

Je croyois Arlequin plus vrai dans ses discours.

ARLEQUIN.

Madame , je le suis , & le serai toujours.

LISETTE à *Arlequin.*

Butor , dis-en du mal pour te rendre agréable.

ARLEQUIN.

Médire de mon maître. Ah ! J'en suis incapable !

LISETTE.

Mais tu fais mal ta cour.

ARLEQUIN.

Tais-toi ! Serpent maudit.
Je n'en dirai jamais que ce que j'en ai dit.
C'est un homme d'honneur , s'il en est dans le monde,
Et ta bouche a menti , si ta langue le fronde.

Depuis ſi ans que j'ai l'honneur de l'eſcorter ,
Je ne vois rien en lui qu'on ne doive imiter.

LISETTE.

Il m'en diſoit à moi , Madame , un mal horrible
Dans le même moment.

ARLEQUIN

Quel menſonge terrible !
Bien loin de dénigrer Liſidor à ſes yeux ,
Je vantois ſes vertus.

LUCILE.

Tu n'en faiſois pas mieux.

ARLEQUIN.

Il ſemble que le Ciel l'ait formé pour Madame ;
Aux agrémens du corps il joint une belle ame ,
Et ſeroit en tout point un cavalier parfait ,
S'il n'avoit pas l'orgueil de le croire en effet.

LUCILE *lui donnant une piſtole.*

Tien , pour ce dernier trait : j'aime qu'on ſoit ſincére.

ARLEQUIN *examinant l'argent qu'on lui a donné.*

Mais nul n'eſt accompli ; quand je le conſidére ,
Mon maître , comme un autre , a ſes mauvais côtés ;
Qui balancen en lui ſes bonnes qualités.
On ne peut au dehors que louer ſa conduite :
Mais je crois , dans le fond , qu'il n'a qu'un faux mérite.
Il ſçait ſe contrefaire en préſence d'autrui.
Fort poli dans le monde , & fort brutal chez lui ;
Mais , brutal de ſang froid , d'un nouveau caractére ,
Qui roſſe pour un rien , ſans ſe mettre en colere.

LUCILE.

Aproche. Une piſtole encore pour ce défaut.
On ne ſçauroit payer le vrai tout ce qu'il vaut.

ARLEQUIN.

Par le bien & le mal , ou je me donne au diable ;
Le maître que je ſers eſt indéfiniſſable.
Prudent en aparence , étourdi dans le fond ,
D'une joie exceſſive , ou d'un chagrin profond.
Des héros de Roman il vante le ſyſtême ;
Il fait l'amant parfait , & n'aime que lui-même.

Bizarre en ses transports, singulier dans ses goûts,
Ses discours sont sensés, & ses Billets sont fous.
Aprouvant le solide, & courant au frivole,
Il a l'esprit François & l'humeur Espagnole.
(Il tend tour à tour les deux mains
en disant cette tirade.)

L U C I L E.

Et l'humeur Espagnole ! Ah ! C'est un bon avis.
Tends la main ; ce défaut vaut lui seul un Louis.
A ta sincérité j'égale ma largesse.

L I S E T T E *à Arlequin.*

Il fait bon être franc auprès de ma Maîtresse.

A R L E Q U I N.

Cela me met en goût. Puisqu'à payer le mal,
Son cœur dans ce moment paroît si libéral,
Pour avoir plûtôt fait, mentons, lâchons la bonde,
Prêtons à Lisidor tous les travers du monde.

L U C I L E.

A-t'il d'autres défauts ?

A R L E Q U I N.

Madame ! Il les a tous !
Il est, tout à la fois, inconstant & jaloux,
Impatient, distrait, joueur, prodigue, avare,
Indiscret, important, impertinent, bizarre,
Curieux, babillard, médisant, envieux,
Irrésolu, menteur, ingrat & glorieux.
(Il enleve la bourse.)

L U C I L E.

Je te donne la bourse : elle t'est bien acquise.

A R L E Q U I N.

Pour vous plaire, Madame, il n'est rien qu'on ne dise ;
Avec tant de plaisir je n'ai jamais médit !
Oh ! Le charmant métier, quand il tourne à profit !
De mon Maître en ce jour votre main récompense
Si bien chaque défaut & chaque impertinence,
Qu'on mentiroit plûtôt que de n'en dire rien.
Mais, avant que je parte, à ce propos...

LUCILE,

LUCILE.

Hé bien?

ARLEQUIN.

N'avez-vous pas encore une bourse garnie,
Et de trois quarts au moins, plus que l'autre fournie?

LUCILE.

Pourquoi?

ARLEQUIN *en fouillant dans sa poche.*

Pour acheter ce que je tiens ici.
C'est une impertinence impayable.

LUCILE.

De qui?

ARLEQUIN.

Faut-il le demander? De Lisidor mon maître.
C'est à vous qu'il l'adresse. Il vous y fait connoître
Ce qu'il pense de vous, si ridiculement,
Qu'on voit qu'il a perdu l'esprit absolument.

LUCILE.

Il m'écrit?

ARLEQUIN.

Oui, Madame.

LUCILE.

Ah! Voyons la maniére...

ARLEQUIN.

Il me l'a défendu.

LUCILE.

Prends cette Tabatiére.

ARLEQUIN.

Je crois qu'elle est d'or.

LUCILE.

Oui, c'est moi qui t'en réponds.

ARLEQUIN *lui donnant la lettre.*

On ne peut résister, Madame, à vos façons.

LUCILE *lit à demi bas.*

Le plus fier est contraint de vous rendre les armes;
Mais votre humeur détruit l'ouvrage de vos charmes.
(*Elle s'interrompt.*)

Tant mieux!

(*Elle continue à lire.*)
*Ou les balance à tel point qu'on ne sçait
Si l'on aime avec vous, Madame, ou si l'on hait.*
(*Elle s'interrompt encore.*)
Je le déciderai ! Je veux bien qu'il me haïsse.
(*Elle reprend.*)
*La contradiction, la hauteur, le caprice,
Sans cesse de vos yeux démentent la douceur,
Et vous ont enlevé la moitié de mon cœur.*
(*Après avoir lû*)
Ah ! Qu'ils m'enlevent l'autre, & j'en serai charmée !
Ce que je crains de vous, Monsieur, est d'être aimée.
J'adore ce Billet, il ne peut se payer !

ARLEQUIN.

Je vous l'avois bien dit.

LUCILE.

Je sçaurai l'employer.

ARLEQUIN.

Votre esprit est ravi de tant d'extravagances.

LUCILE.

Je ne puis t'en marquer trop de reconnoissances.
Je ne m'en tiendrai pas au bien que je t'ai fait.

ARLEQUIN.

Madame, en attendant, je suis votre valet.
(*Il sort, & Lisette rentre.*)

SCENE VII.

LUCILE *seule.*

JE brûle de montrer cet Ecrit à ma Mere !
Comme il ne peut manquer d'exciter sa colére ;
Dans tous mes sentimens sans doute elle entrera ;
Et je ferai si bien que l'hymen se rompra,
Lisidor vient, sa vûe augmente encore ma haine.

SCENE VIII.

LUCILE, LISIDOR.

LISIDOR.

Madame, auprès de vous, l'Amour seul me ramene;
Oubliés, comme moi nos petits démêlés ;
Loin d'amortir mes feux, ils les ont redoublés,
Et leur aigreur chez moi s'est tournée en tendresse.
Je devois vous céder. J'ai tort, je le confesse ;
Et le beau sexe est fait pour l'emporter toujours.

LUCILE.

J'aime mieux vos Billets, Monsieur, que vos discours.

LISIDOR.

Mes Billets !

LUCILE.

Ils sont pleins d'une haine sincére ,
Qui répond à la mienne , & seule peut me plaire.

LISIDOR.

Quoi ! L'on vous a rendu de ma part un Billet ?

LUCILE.

Oui, Monsieur , & la fin m'en a plû tout-à-fait.
Au gré de mes desirs, votre cœur s'y déploye,
Et j'ai pris à le lire une sensible joye.
La contradiction, le caprice, l'aigreur,
Sans cesse de mes yeux démentent la douceur.

LISIDOR à part.
(haut.)

Ah ! Maraud d'Arlequin, tu m'as trahi ! Madame...

LUCILE.

Ils nous ont enlevé la moitié de votre ame ;
Mais je vous rends le tout fort généreusement.

LISIDOR.

De grace, pardonnés un premier mouvement !

G 2

LUCILE.

Vous m'avez fait plaisir, loin de me faire injure;
Je chéris mes défauts à ce prix, je vous jure.

LISIDOR.

Souffrez qu'en ce moment j'expie à vos genoux
Ce qu'un esprit trop prompt m'a fait. ..

LUCILE.

                    Arrêtez-vous.

Il ne vous convient pas, Monsieur, à vous, de rendre;
A moi, de recevoir un hommage si tendre.
Il est fait pour l'Amour qui sçait plaire sur-tout;
Mais la haine ne parle & n'entend que debout.

LISIDOR.

Mais l'Amour supliant s'exprime par ma bouche;
Et j'abjure la haine. ..

LUCILE.

                    Elle seule me touche.

LISIDOR.

Quels que soient vos discours, je ne croirai jamais;
Un cœur comme le vôtre accessible à ses traits.

LUCILE.

Pour un dépit d'amour, prenez-vous ma colére ?
De votre orgueil, Messieurs, c'est l'effet ordinaire.
Mais désabusez-vous. Ce que pour vous je sens,
Est de la bonne haine, & qui tiendra long-tems.
Ce n'est pas le Billet que vous venez d'écrire,
Qui fait naître chez moi l'aigreur que je respire;
C'est à votre entretien que cet honneur est dû.
De plus en plus, toujours votre esprit m'a déplu;
Et dissipant l'erreur de mes sens trop crédules,
Chaque instant m'a montré de nouveaux ridicules;
Plus je vous considére & plus j'en aperçois.
A l'heure où je vous parle: Ah ! Bon Dieu que j'en vois!
Pour deux défauts que j'ai, vous m'en presentez mille.

LISIDOR.

Qu'est-ce qui choque en moi votre goût difficile ?

LUCILE.

Tout, jusqu'à la façon dont vous êtes campé.

Vous avez l'air contraint & tout envelopé.
La contrainte du corps marque celle de l'ame.
LISIDOR.

Mais, Madame....
LUCILE.

Madame! Encore ce Madame
Est prononcé d'un ton aussi particulier,
Et secondé d'un geste encore plus singulier.
LISIDOR

Eh! Comment donc faut-il prononcer, je vous prie ?
LUCILE.

Mais sans grossir sa voix, d'une façon unie ;
Sans affecter sur-tout des gestes favoris.
Déja vous vous troublez de ce que je vous dis.
Au premier trait lancé vous perdez contenance,
Comme un jeune Ecolier qui n'a point d'assurance ;
Et grave, en même-tems, comme un vieux Magistrat,
Il ne vous manque plus, Monsieur, qu'un grand rabat.
Ce contraste vous donne une mine équivoque.
Vous faites la grimace, & ce terme vous choque.
Mais je parle toujours avec sincérité,
Et dans les jeunes gens je hais la gravité.
Ce dehors sérieux en vous me désespére.
Il est l'image au vrai de votre caractére.
Je ne vois rien de pis : car, Monsieur, sérieux
Est un terme poli qui veut dire ennuyeux ;
C'est pour moi qui suis gaye, un fléau que j'abhore.
Chaque mot que je dis, vous rend plus sombre encore
LISIDOR.

Vous badinez ici trop sérieusement,
Madame, j'aurois tort d'avoir de l'enjoûment.
LUCILE.

Oui, très-grand tort. La joye est chez vous étrangére.
Elle ne vous sied pas, quoique vous puissiez faire ?
Votre maintien, Monsieur, jure avec la gaîté.
Votre esprit, de ce trait, est encore révolté.
Vous ne sçauriez souffrir la moindre repartie ;
Et sous un air forcé de fausse modestie,

G 3

Vous renfermez chez vous un fond de vanité,
Qui , portant à l'excès la senfibilité,
Se gendarme d'abord, pour peu que l'on la bleffe.
Elle vous fait tenir fur vos gardes fans ceffe.
Toujours clos & couvert, vous n'ofez vous livrer ;
Et lorfque l'on vous parle , il faut fe mefurer.
Par - là , votre commerce eft difficile & trifte ;
Au froid qui l'accompagne, il n'eft rien qui réfifte ,
Il infpire la gêne, ôte la liberté,
Et chaffe le plaifir de la fociété.

LISIDOR.

Madame , je me tais pour avoir trop à dire ,
Et de peur d'éclater, adieu , je me retire.

(Il s'en va.)

LUCILE.

Vous méritez , Monfieur, ce que j'ai dit de vous;
Et voilà la réponfe à votre Billet doux.

SCENE IX.

LUCILE *feule.*

IL eft au defefpoir ; j'en triomphe en moi-même.
Je fens à le piquer une douceur extrême !
Des traits que , dans ce jour , ma main lui portera,
Ce n'eft pas le dernier , vraiment , qu'il effuira.
Je connois de fon cœur tous les endroits fenfibles ,
Et je lui garde encore des coups bien plus terribles !
Qu'on eft ingénieux quand on fçait bien haïr !
De la peine qu'on fait , on tire fon plaifir.
J'entends venir quelqu'un. Ah ! C'eft Milord Guinée,

SCENE X.

LUCILE, MILORD,

MILORD.

HÉ bien, Mademoiselle, hé bien ! Notre hymenée
Vient d'être confirmé par votre Mere encor;
Il doit suivre celui de Monsir Lisidor.
En passant, je venois ici pour vous l'aprendre.
Je cours presentement, je cours sans plus attendre,
Ordonner un Balet dans notre goût Anglois.

LUCILE.

Un Balet Anglois ?

MILORD.

   Oui, qui vous plaira, je crois.
L'idée est singuliére, elle sort de ma tête.
Je suis Compositeur moi-même de la fête.
On ne doit pas du tout en paroître surpris.
Bien loin qu'il en rougisse, un Lord dans mon pays,
Fait gloire ouvertement de pratiquer lui-même
Les Arts qu'il récompense, & les talens qu'il aime.
C'est un Tableau dansant, où je fais, tour-à-tour,
Figurer, par contraste, & la Haine & l'Amour.
L'Amour, dans mon Balet, tendrement batifole,
Et, comme un tourbillon, la Haine y capriole.

LUCILE.

Comment ! La Haine y saute ?

MILORD.

   Oui, je l'y mets en beau.

LUCILE.

Vraiment cela doit faire un fort joli tableau,
Et je veux y danser.

MILORD.

   Vous en être la Réine.
Moi, je ferai l'Amour, & vous faire la Haine.

D'abord, à tous les cœurs je donnerai la loi ;
Puis vous les soumettrez en triomphant de moi.

LUCILE.

Cette idée est nouvelle, & rit à mon génie.

MILORD.

J'en ai, belle Constance, une joye infinie ;
Je vais, pour notre hymen, le faire répéter.

LUCILE.

Que je vous defabuse, & daignés m'écouter.

MILORD.

Je suis pressé. Pardon. Il faut que je rassemble
Les Acteurs du Balet qui figurent ensemble.
Je reviens pour vous prendre, & former notre pas.
Vous me direz alors ce que je ne sçai pas.

LUCILE.

Ma sœur... Mais elle vient...

MILORD.

Je vous laisse avec elle.
(*à Constance qu'il salue.*)
Nous parlerons tantôt. Bon jour, Mademoiselle.

SCENE XI.

LUCILE, CONSTANCE.

CONSTANCE.

MAis dans ses procédés cet homme est singulier.
Il est épris pour moi d'un feu particulier
Que j'ai, sans le sçavoir, fait naître aux Thuilleries ;
Et pour mettre le comble à ses bizarreries,
Il me l'écrit soudain, me recherche, m'obtient ;
Et quand il vient ici, c'est vous qu'il entretient.
Il part quand je parois ; & pour douceur nouvelle,
Il me dit en sortant: Bon jour, Mademoiselle.

LUCILE.

L'aventure est très-neuve, & j'en ris de bon cœur ;

Vous en êtes la dupe, ô! ma petite sœur.
Ce Milord dont tantôt vous m'avez fait l'histoire,
Et de qui la conquête excitoit votre gloire,
N'est en nulle façon charmé de vos apas.

CONSTANCE.

Pourquoi m'époufe-t'il, ma Sœur, s'il ne l'est pas?

LUCILE.

On s'est mépris de nom; ce n'est pas vous qu'il aime.

CONSTANCE.

Eh! qui donc aime-t'il? Répondez.

LUCILE.

      C'est moi-même,

CONSTANCE.

Mais, pour me demander, d'où vient qu'il est venu?

LUCILE.

Par l'erreur d'un des siens son esprit prévenu,
Croit que je suis Constance, & vous prend pour Lucile.
J'ai, pour le détromper, pris un soin inutile;
Quand je veux l'éclaircir, il me quitte soudain,
Et c'est sous votre nom qu'il me recherche enfin.
Son cœur m'a déclaré le feu qui le domine,
Et de votre roman, je suis, moi, l'héroïne.
Malgré tous vos efforts, je vois qu'à ce récit
Votre amour propre souffre, & votre front rougit.
Mais n'apréhendez rien, reprenez votre joïe.
Je refuse son cœur, & je vous le renvoïe.
Rentrons. La haine seule occupe tout le mien.
Et ne songe qu'à rompre un funeste lien.

Fin du second Acte.

ACTE III.

SCENE PREMIERE.

LISIDOR *seul.*

PLUS je songe à mon sort, plus je le trouve à
  plaindre,
  Non, jusqu'à l'épouser, je ne puis me contraindre.
Je serois des maris le plus infortuné.
Je vois à me haïr son cœur déterminé.
Lorsqu'en amant soumis, je m'excuse, je prie,
Elle ajoûte à l'insulte encore la raillerie.
Ma douceur est à bout. Ne ménageons plus rien.
Je suis sorti d'un sang fait pour haïr le sien.
Je ne vois qu'un parti dans ma juste colére ;
C'est de me dévoiler tout entier à mon pere.
Il m'aime, & dans le fond, j'ai la raison pour moi.
J'entens du bruit, on vient, & c'est lui que je voi.

SCENE II.

CLEON, LISIDOR.

CLEON *lui montrant son Billet.*

PArlez, connoissez-vous, Monsieur, ce te écriture ?
  La lettre vient de vous ; ce trouble me l'assure.
Se peut-il que mon fils, lui, que j'ai vû toujours
Si mesuré, si sage en ses moindres discours,
Ait écrit un billet dont le bon sens murmure ?
Et dans quel tems encore ? Sur le point de conclure

Un hymen d'où dépend le bien de sa maison,
Et que ce billet seul peut rompre avec raison.
De m'affliger ainsi, qui vous eût cru capable?

LISIDOR.

Ah! Mon Pere, arrêtez; ce reproche m'accable.
Plus il est doux, & plus il me perce le cœur.
De mon esprit trop prompt, pardonnez la chaleur.
D'un premier mouvement cet écrit est l'ouvrage;
Et je puis même ici dire à mon avantage,
Que, par réflexion, je l'avois condamné,
Et que, contre mon ordre, Arlequin l'a donné.
J'ai fait plus, j'ai, malgré tout le tort de Lucile,
J'ai pris, pour l'apaiser, une peine inutile.
Mes efforts redoublés, & ma soumission
Ont accru ses mépris & son aversion.
Puisqu'il faut vous ouvrir mon ame toute entiére,
Je ne puis suporter son humeur aigre & fiére.
Les suites que j'en crains me forcent de parler.
Mon Pere....

CLEON.

  Il n'est plus tems, mon fils, de reculer;
La mere de Lucile, à ma priére ardente,
Veut bien vous pardonner votre lettre imprudente;
Elle doit disposer sa fille à vous revoir.
Vous, de votre côté, faites votre devoir.
Ramenez son esprit par votre complaisance.
Pour presser votre hymen, je pars en diligence,
Je reviens vous trouver; soyez prêt d'obéir,
Et ne me forcez pas, mon fils, à vous haïr.

LISIDOR.

Vous l'ordonnez, j'étouffe un courroux légitime,
Et de vos volontés je serai la victime.

CLEON.

Vous ne le serez point. Armez-vous de raison;
Lucile a l'esprit vif, mais elle a le cœur bon:
Prenez, pour la gagner, une route nouvelle;
Ne l'obstinez en rien, vous obtiendrez tout d'elle.
Croyez, pour votre gloire, & pour vos intérêts,

Un pere qui vous parle en ami des plus vrais.

(Il rentre.)

SCENE III.

LISIDOR feul.

JE viens d'être frapé du difcours de mon Pere;
Il porte à mon efprit un rayon qui l'éclaire,
C'eft ma faute. Heurtant fes fentimens de front,
J'ai révolté Lucile, & fon naturel prompt.
Non, il n'eft point de cœur qu'on ne force à fe rendre,
Si-tôt qu'on l'étudie, & qu'on fçait bien s'y prendre,
Suivons cette maxime, étudions le fien,
Et pour faifir fon foible enfin n'épargnons rien.
Arlequin, ce maraud, par fon étourderie,
Eft la caufe aujourd'hui de notre brouillerie;
Contre mon ordre exprès, s'il n'avoit pas remis
Ce malheureux billet qui nous rend ennemis,
Lucile contre moi feroit moins prévenue;
Elle feroit déja, par mes foins, revenue.
Je fuis d'une fureur qu'on ne peut exprimer,
Il faut que je l'apelle, afin de l'affommer.

SCENE IV.

LISIDOR, ARLEQUIN.

LISIDOR.

ARlequin! Arlequin!

ARLEQUIN dans la couliffe.

Monfieur, je m'achemine.

LISIDOR.

Dépêche,

ARLEQUIN.
Me voici.

LISIDOR.
Viens, que je t'extermine.

ARLEQUIN.
Comment ! C'eſt pour cela qu'ici dans ce mome nt
Vous m'apellez, Monſieur, avec empreſſement ?

LISIDOR.
Oui, viens, aproches toi.

ARLEQUIN.
Je ne ſuis pas ſi bête.
La propoſition, Monſieur, eſt malhonnête ;
Pour me battre, vouloir que j'aproche de vous ?
J'aime mieux m'éloigner, pour éviter les coups.

LISIDOR *le ſaiſiſſant au colet.*
Ne crois pas m'échaper : Qu'as-tu fait de ma
Je t'avois défendu, faquin, de la remettre.
A me déſobéir, parles, qui t'a porté ?

ARLEQUIN.
Si vous me l'aviez lûe, & m'aviez conſulté,
Vous n'auriez pas commis une faute ſi grande ,
J'aurois....

LISIDOR.
Ce n'eſt pas-là ce que je te demande ;
Pourquoi l'as-tu rendu à Lucile ? Répons.

ARLEQUIN.
Je n'ai pû réſiſter à ſes nobles façons.
Si vous ſçaviez, Monſieur, & ſi j'oſois vous dire
Avec quel art flâteur elle a ſçu me ſéduire ;
Ah ! Vous ſeriez ſurpris de ſa dextérité ,
Et vous pardonneriez à ma fragilité.

LISIDOR.
Quoi ! Tu n'es pas content d'enfreindre ma défenſe ;
Juſqu'à me déchirer, tu portes l'inſolence !
En traits injurieux ta langue ſe répand !

ARLEQUIN.
Qui ? Moi ! J'ai fait de vous un éloge très-grand.

LISIDOR.

Lisette m'a tout dit. Vainement tu déguises;
Et tu vas recevoir le prix de tes sottises.

ARLEQUIN.

Ah ! Je suis criminel, je dois le confesser :
Mais, la bourse à la main, on a sçû m'y forcer.
Lucile, au poids de l'or, a payé mes paroles ;
Chacun de vos défauts m'a valu deux pistoles.

LISIDOR.

Infâme ! C'est ainsi que de moi tu médis !

ARLEQUIN.

Monsieur, je médirois de moi-même à ce prix.

LISIDOR.

Par un bas intérêt me noircir, misérable !

ARLEQUIN.

Eh ! Doucement, Monsieur, j'en suis plus excusable.
Je dis du mal de vous pour rien, le plus souvent ;
Il vaut mieux que j'en dise encore pour de l'argent.

LISIDOR.

Voilà donc la façon dont ta bouche s'excuse ?
Tu plaisantes encore quand ton Maître t'accuse,
Détestable brouillon qui fomentes nos bruits !
Si je ne respectois la maison où je suis,
Je te....

ARLEQUIN.

Monsieur, on vient.

LISIDOR.

                        C'est Milord qui s'avance,
De mon ressentiment cachons la violence.

ARLEQUIN.

Je respire à la fin, & puis prendre l'essor !

SCENE V.

LISIDOR, MILORD, ARLEQUIN.

MILORD.

JE donne le bon jour à Monsieur Lisidor.
Vous venir, s'il vous plaît, figurer tout à l'heure
Dans un Balet de moi, fort charmant, ou je meure.

ARLEQUIN *contrefaisant Milord.*

Lui, prendre bien son tems pour le faire danser.

MILORD.

Vous répéte avec moi.

LISIDOR.

Daignez m'en dispenser.

MILORD.

Vous êtes mon Beau frere, ainsi point de dispense.
Il faut, avec sa femme, il faut que Monsir danse.
Je dois, à ce sujet, vous faire compliment,
Madame, votre épouse a beaucoup d'agrément.
Joindre à la belle taille un fort joli visage,
C'est beaucoup.

LISIDOR.

Il est vrai. Mais dans le mariage,
La beauté né fait pas toujours notre bonheur ;
C'est la douceur, Milord, & le raport d'humeur,
C'est l'esprit, en un mot...

MILORD.

Pardonnes-moi, pardonnes.
N'épouse point l'esprit, j'épouse la personne :
Il faut voir devant soi toujours un bel objet,
Sans quoi le mariage ennuyer tout-à-fait.

LISIDOR.

Le plaisir le plus pur, quand l'hymen nous assemble,
Est, comme deux amis, de converser ensemble.

MILORD.

Nous penfer autrement ; & quand nous époufer,
C'eft pour avoir lignée, & non pas pour caufer.
Mais en difcours, Monfir, tout notre tems fe paffe,
Allons, pour répéter.

LISIDOR à part.

        Cet homme m'embarraffe.

MILORD.

Venez donc, s'il vous plaît. Vous faire trop prier.

LISIDOR.

Je ne danfe jamais. J'ofe vous fuplier....

MILORD.

Belle excufe! A votre âge on eft toujours ingambe.

ARLEQUIN.

Il vient de fe donner une entorfe à la jambe.

        (à part.)

L'embarras de mon Maître, & l'ardeur de Milord
Pour le faire danfer, me réjouiffent fort.

MILORD.

Dépêchez-vous, Monfir, vous m'êtes néceffaire,
Il manque un figurant.

LISIDOR.

        J'ai maintenant affaire ;
De grace, remettons la partie à tantôt!

ARLEQUIN.

Pour figurer, Monfieur ? Je m'offre à fon défaut.

MILORD.

Pour figurer, vraiment, fa figure eft très-folle.

ARLEQUIN.

Demandez fi je fçai faire la capriole.

MILORD à Lifidor.

Vous viendrez donc ?

LISIDOR.

    (à part.)   (haut.)

    J'enrage! Eh! Commencez toujours.

MILORD.

Oh! Moi compter fur vous après un tel dicours,
Adieu, Mais je reviens vous faire une demande;

Qu'aime-vous mieux la Loure, ou bien la Sarabande?
L I S I D O R.
Eh ! Ventrebleu , Milord, tout ce qu'il vous plaira.
M I L O R D.
C'eſt donc un Tambourin que Monſir danſera?
A tantôt, vous ſerez fort content , je vous jure.
(Il ſort.)

L I S I D O R.
M'en voilà délivré. J'ai ſouffert la torture.
A R L E Q U I N.
Sortons. Il nous feroit ; lui, ſi nous demeurions ;
Figurer autrement que nous ne voudrions.

S C E N E   VI.

L I S I D O R *ſeul.*

Allons trouver Lucile , un pere me l'ordonne :
Oublions ſon humeur pour aimer ſa perſonne ;
Le Ciel de tant d'apas a voulu l'enrichir ,
Qu'ils me font ſouhaiter de pouvoir la fléchir.
Je la vois qui paroît. Je cours au-devant d'elle ,
Et mon amour renaît en la voyant ſi belle.

S C E N E   VII.

L I S I D O R , L U C I L E.

L I S I D O R.
JE vous cherche , Madame.
L U C I L E.
Et je vous cherche auſſi.

L I S I D O R.
Quoi ! Votre eſprit pour moi ſeroit-il adouci?

Pourrois-je me flater qu'un doux retour, Madame,
Vers moi dans cet instant rameneroit votre ame ?
Me pardonneriez-vous un mouvement trop vif?
LUCILE.
Je suis conduite ici par un autre motif.
C'est l'honneur que je suis, la raison qui m'éclaire;
C'est ma sincérité qui m'oblige de faire
Pour notre bien commun ce qu'aujourd'hui je fais.
Prêt de l'instant qui doit décider pour jamais
Du bonheur de mes jours, & du repos des vôtres;
Prês de nous immoler à l'intérêt des nôtres,
Je viens vous devoiler, sans nuls déguisemens,
Mon ame toute entiére, & mes vrais sentimens
Je vois votre mérite, & je lui rends justice.
Mais, dans le même-tems, soit destin, soit caprice;
D'un tel mérite en vain je reconnois le prix;
Je sens que rien ne peut raprocher nos esprits.
Ce n'est point contre vous, puisqu'il faut vous le dire,
Un levain passager qu'un instant peut détruire;
C'est un éloignement formel & décidé,
Sur nos goûts oposés solidement fondé.
Rien ne peut l'ébranler, chaque moment l'augmente,
Et la réfléxion encore le cimente.
Des plus tendres amans, après qu'ils font unis;
L'hymen fait tous les jours les plus grands ennemis;
Jugez ce qu'il feroit de vous & de moi-même,
Qui pour dot vous aporte un fond de haine extrême.
Loin d'assurer la paix, une telle union
Perpétueroit le trouble & la division.
Votre intérêt, le mien, la vertu, la prudence,
Tout nous dit qu'il vaut mieux manquer d'obéissance;
Et rompre tous les deux, sûrs de nous estimer,
Que d'aller nous unir, ne pouvant nous aimer.
LISIDOR.
Cet aveu généreux redouble mon estime.
Loin d'éteindre mon feu je sens qu'il le ranime.
LUCILE.
Ah! Qu'entens-je?

LISIDOR.

J'adore un procédé si grand.
Je prendrai, pour vous plaire, un chemin différent.
Je veux....

LUCILE.

N'en faites rien ; mon cœur vous en conjure.

LISIDOR.

Du succès aujourd'ui votre vertu m'assure.

LUCILE.

Non, Monsieur, ma vertu vous trompe sur ce point.

LISIDOR.

Mais je dois vous aimer.

LUCILE.

Vous ne le devez point.

LISIDOR.

Cette démarche en vous montre une ame si droite,
Qu'on ne peut s'empêcher....

LUCILE.

Je suis bien mal-adroite !
Mon cœur, qu'un tel discours ne sçauroit qu'affliger,
Veut détacher le vôtre, & non pas l'engager.

LISIDOR.

Mais enfin....

LUCILE.

Mais enfin, je ne veux pas qu'on m'aime
Contre mes sentimens, en dépit de moi-même.

LISIDOR.

En tout je préviendrai....

LUCILE.

De grace, finissons.
Vous sçavez comme moi que nous nous haïssons :
Oui, les signes, Monsieur, n'en sont plus équivoques ;
Nos cœurs s'en sont donnés des preuves réciproques.
Vous me l'avez écrit, & ma bouche a parlé ;
Enfin, c'est entre nous un commerce réglé.
Partons de-là.

LISIDOR.

De grace, oubliez le délire

De l'aveugle transport qui me l'a fait écrire.
LUCILE.
C'est trop d'acharnement ; je me lasse à la fin.
Puisque vous persistez à prétendre à ma main,
Je vous déclare ici que si , par cette chaîne,
Vous faites mon malheur , je ferai votre peine.
De l'exacte vertu je me fais une loi ;
Vous n'avez rien à craindre à cet égard de moi.
Mais , d'un autre côté, je prendrai ma revanche ;
Et comme je vous hais d'une haine très-franche,
J'apliquerai mes soins , presque à tous les instans ,
A vous le témoigner par des traits éclatans.
Vous me verrez toujours très-attentive à faire
Tout ce qui vous révolte , & qui peut vous déplaire.
Heurter vos sentimens , & combattre vos goûts,
De mes amusemens ce sera le plus doux ;
Sans cesse je tiendrai votre esprit en haleine :
Pas un moment de vuide en toute la semaine.
Contredit le matin , raillé l'après-dîné ,
Tracassé tout le jour , & le soir chicané :
Vous serez promené de martire en martire ;
Je ressens du plaisir , Monsieur , à vous le dire.
Quelle sera ma joie , alors , d'exécuter
Un projet qui , déja paroît vous révolter !
LISIDOR.
Madame, pouvez-vous , même avant l'hymenée ,
Vous faire un plan flatteur de haine raisonnée ?
LUCILE à part.
Ce que je viens de dire épouvante son cœur,
Outrons nos sentimens pour redoubler sa peur.
LISIDOR.
Je ne puis le penser : c'est sans doute une feinte.
LUCILE.
Non , vous l'éprouverez , si je m'y vois contrainte.
Je vous en avertis, Monsieur ; l'aversion ,
Quand elle prend racine , est une passion ,
Qui se fait des plaisirs , & , comme la tendresse ,
A ses raffinemens & sa délicatesse.

Il ne faut pas froncer le fourcil pour cela;
On ne peut contefter cette vérité-là.
Si-tôt qu'on fympatife , & que vraiment on s'aime;
A toujours fe complaire on met fon bien fuprême.
Quand on fe déplaît bien , & qu'on fe hait de cœur ;
De fe combattre en tout on fe fait un bonheur.
Par mille tours malins on fe fait de la peine.
Avec le même goût on fe prouve fa haine ,
Que deux cœurs bien épri fe prouvent leur amour.
Et par mille doux foins s'obligent chaque jour.

L I S I D O R.

L'agréable commerce !

L U C I L E.

    Il l'eft puifqu'il foulage.
La Haine fur l'Amour a même un avantage :
Sans ceffe elle fermente , & fon levain la rend
Exempte de fadeur , d'ennui par conféquent.
L'un eft un poifon lent dont l'ame eft abattue ,
L'autre , un venin actif qui toujours la remue ;
Et , poifon pour poifon , je préfere d'abord
Celui qui me réveille à celui qui m'endort.

     (à part.)

Bon , je le vois frémir.

L I S I D O R.

     Qu'entens-je ? Quel langage?
Dans un reffentiment , dans un excès de rage,
Je conçois que l'on peut trouver de la douceur
A donner un champ libre à toute fon aigreur,
Et qu'on peut s'aplaudir , en ces inftans d'yvreffe ;
De faire le tourment d'un objet qui nous bleffe ;
Mais careffer fa haine & la boire à longs traits,
De brillantes couleurs embellir fes portraits,
Lui prêter des plaifirs , la tourner en fyftême,
Et lui donner enfin le pas fur l'amour même ;
C'eft ce qui me remplit de furprife & d'effroi !

L U C I L E à part.

Je parle exprès ainfi pour l'éloigner de moi.

LISIDOR.

Non , quoi que vous difiez , d'un fentiment femblable
Je ne croirai jamais qu'on puiffe être capable....

LUCILE.

Détrompez-vous , Monfieur , plus forte que l'amour ;
C'eft la haine qui gagne , & qui prend chaque jour.
Sous différens habits dont chacun l'accommode ,
Elle eft la paffion qu'on peut dire à la mode.
Partifane du bruit , & mere des procès ,
Elle agite la Ville , elle fiége au Palais.
Sous un mafque trompeur de politeffe aimable ,
Elle régne à la Cour , fon centre véritable.
Elle meut chaque état , maîtrife tous les rangs ,
Et couve dans le cœur des petits & des grands.
C'eft peu qu'au tems préfent les époux fe maudiffent ,
Nombre de faux amis dans l'ame fe haïffent ;
La plûpart des parens fe déteftent tout bas ,
Les freres & les fœurs ne fe le cachent pas.
Tous les gens du commun ouvertement fe nuifent ;
Ceux du grand monde , entr'eux , poliment fe détruifent ;
Les belles? les auteurs , que rien ne peut unir ,
Ne cedent qu'au bigots l'art de fe bien haïr.
La haine étend par tout fa puiffance fuprême :
Tout hait dans l'Univers , même en difant qu'il aime.

LISIDOR.

Jufte Ciel ! Pouvez-vous employer tant d'efprit
A prouver les horreurs d'un fyftême maudit !

LUCILE *à part.*

Je viens de lui donner une affez forte dofe ;
Après un tel difcours , qu'il m'époufe , s'il l'ofe.

LISIDOR *à Lucile.*

Pouvez-vous , jeune , belle , & faite pour l'amour ,
Me vanter le pouvoir de la haine en ce jour ?

LUCILE.

Si le monde fe hait , Monfieur , eft-ce ma faute ?
Je le peins tel qu'il eft , je n'ajoûte , ni n'ôte.

LISIDOR.

Madame , notre efprit , tout dépravé qu'il foit ,

Ne l'est pas jusqu'au point d'abhorrer de sang froid ;
De savourer le noir d'une haine invincible :
On ne hait point par goût, la chose est impossible.
Je vous l'ai déja dit.

LUCILE.
                  Vous êtes dans l'erreur ;
Et, sans aller plus loin, la preuve est dans mon cœur.
J'ai pour vous, puisqu'il faut que je vous le répéte,
J'ai cette antipathie averée & parfaite ;
Car d'adoucir les mots il n'est plus question,
Et je vous hais, Monsieur, par inclination.

LISIDOR.
La déclaration est tout-à-fait aimable !

LUCILE.
Je vais plus loin encore, ma haine est raisonnable ;
Ce n'est plus maintenant un vain extérieur,
Un air trop grave en vous qui me choque, Monsieur ;
Ce sont vos qualités les plus essentielles ;
Pour me justifier par des preuves réelles ;
Que je vous dévelope, & qu'avec vos défauts,
De vos vertus, ici, je vous montre le faux.
Sans perdre les momens en de simples ébauches,
Les premiers sont choquans, & les autres sont gauches.
Vous êtes sage, exact, sensé, rangé, poli ;
Mais sage avant le tems, sensé jusqu'à l'ennui,
Poli dans la fadeur, exact jusqu'au scrupule,
Et rangé jusqu'au point d'en être ridicule.
Ce sont-là vos vertus telles que je les vois.
Voici vos défauts tels que je les aperçois.
Tranquille admirateur en tout tems de vous-même ;
Vous voulez que vos vœux soient une loi suprême.
Pour les autres sévére, & complaisant pour vous,
Vous êtes dur à vivre, avec un maintien doux ;
Et votre cœur porté vers la misantropie,
Cache d'un voile épais sa sombre jalousie.
Eh bien, Monsieur, eh bien ; après de pareils traits,
Avec juste raison jugez si je vous hais ;
Jugez en même-tems, si dans cette journée,

Je puis à votre sort unir ma destinée ?
Je vous ai dépeint tel que vous me paroissiez.
A présent, dites-moi comme vous me voyez ?
Eclatez donc, Monsieur ; car je lis dans votre ame,
Que vous me haïssez.

LISIDOR.

Vous lisez bien , Madame,
Puisqu'au char de la Haine il vous paroît si doux
D'enchaîner un amant qui brûloit d'être à vous,
Vous venez d'obtenir une pleine victoire.
Goûtez donc à loisir cette nouvelle gloire ;
Et puisqu'un tel aveu vous flatte en ce moment,
Madame , je vous hais , mais si parfaitement,
Que de l'aversion où mon ame est livrée,
Rien n'éteindra jamais la force & la durée.
Un tel retour est prompt, mais pour être éternel ;
Et j'en fais devant vous un serment solemnel.
Des déclarations d'une espéce pareille ,
Sont nouvelles pour vous , & blessent votre oreille;
Mais vous m'avez réduit à cette extrémité,
Et par vos sentimens , vous l'avez mérité.
Pour finir en deux mots ; j'ai pour moi la justice.
Ma Haine est de raison , la vôtre est de caprice.
Nous avons à vos yeux des ridicules , soit :
Mais ce ne sont en vous que des défauts qu'on voit.

SCENE VIII.

LISIDOR , LUCILE , LISETTE, ARLEQUIN.

ARLEQUIN

Préparez-vous , Monsieur , car voici le Notaire.

LISETTE.

Ils viennent tous ici pour conclure l'affaire.

ARLE-

ARLEQUIN.
Le Contrat est dressé.

LISIDOR.
Malheureux ! Laisses-nous

LISETTE.
Le Notaire, vous-dis-je, arrive.

LUCILE.
Eh ! Taisez-vous.

SCENE IX.

CLARICE, LUCILE, CLEON, LISIDOR, MiLORD, LISETTE, ARLEQUIN.

MILORD à *Lisidor.*
AH ! Monsir, vous voilà. C'est ainsi qu'on ré-
péte ?
Avec ma prétendue, il conte-là fleurette !
Ces Messieurs les François font toujours les galans,
Et s'amusant ailleurs, font attendre les gens.

CLARICE.
Pour Constance, Milord, vous prenez son aînée,
(*montrant Lisidor.*)
A Monsieur que voilà, Lucile est destinée.

LUCILE.
Non, ma Mere, mon cœur ne peut vous obéir.
Nous avons le bonheur tous deux de nous haïr,
Et la mort à mes yeux paroîtroit moins horrible.

LISIDOR à *Cléon.*
Oui, notre éloignement, mon Pere, est invincible.
Jugez-en, puisqu'enfin tout mon respect pour vous,
Ne sçauroit m'obliger à me voir son époux.

CLEON à *Clarice.*
C'est votre fille seule à qui l'on doit s'en prendre.

CLARICE.
C'est plûtôt votre fils que vous devez reprendre.

Tome IV.   H

CLEON.

Son humeur.....

CLARICE.

Son Billet.....

CLEON, CLARICE *ensemble:*

> A causé ce dégoût.

CLEON.

Elle aime à contredire, & voûs ressemble en tout.

CLARICE.

Vraiment, Monsieur, vraiment, j'admire votre audace,
D'oser me dire ici pareille chose en face.
Ce mot réveille en moi notre ancienne aigreur,

CLEON.

Et je sens rallumer ma première fureur.

ARLEQUIN.

Bon, la haine s'étend de la fille à la Mere,
Et dans le même tems passe du fils au Pere.

CLEON.

Je romps toute alliance. Entre nous plus de paix,
Chicane sur chicane.

CLARICE.

> Et Procès sur Procès.

LUCILE.

Ma Mere, quelle joye ! Ah ! Que je vous embrasse !

LISIDOR *à Cléon.*

Vous faites bien de rompre, & je vous en rends graces,

LUCILE.

Ne songeons désormais qu'à les persécuter ;
J'irai demain, j'irai contre eux solliciter :
Je veux à les poursuivre employer ma jeunesse,
Et chicaner encore le fils dans ma vieillesse.

MILORD.

Puisque vous rompre tous, ah ! Moi, je romps aussi,
Les gens sont furieux en cette Maison-ci.
Si j'épouse ce soir une femme semblable,
De m'étrangler la nuit être fort bien capable.
Une si juste crainte étouffe mon amour ;
L'aversion me gagne & m'agite à mon tour :

Venés, méchantes gens, que la colére entraîne,
Venés exécuter mon Balet de la Haine.
N'avoir pas de sujets qui vaillent mieux que vous,
Venés y triompher, & vous poignarder tous.

(*Il sort.*)

SCENE X.

CLARICE, CLEON, LUCILE, LISIDOR, LISETTE, ARLEQUIN.

CLEON à *Lisidor.*

Allons, mon fils, sortons : car je suis d'une rage..?
Mon Pere, votre fils avec vous la partage.

ARLEQUIN à *Lisidor.*

Monsieur.

LISIDOR.

Va, Coquin, va, je te chasse.

ARLEQUIN.

Pourquoi?

LISIDOR.

Gardes-toi seulement de t'offrir devant moi.

(*Il suit son Pere.*)

SCENE XI.

CLARICE, LUCILE, LISETTE ARLEQUIN.

LISETTE à *Clarice.*

Madame, permettés que je vous represente..?

CLARICE.

Quoi! Tu prends leur parti? Sors vîte, impertinente,

H 2

LISETTE.

Mes gages.

CLARICE *lui donnant un soufflet.*

Les voilà.

LUCILE.

Ma Mere, c'est bien fait;
Vous vous défaites-là d'un très-mauvais sujet.

(*Elle rentre avec sa Mere.*)

SCENE DERNIERE.

LISETTE, ARLEQUIN.

ARLEQUIN.

A Mon tour, ventrebleu! La fureur me transporte;
Sans sujet, tous les deux, on nous met à la porte.

LISETTE.

On a raison pour toi qui n'es qu'un franc butord.

ARLEQUIN.

Va, coquine, à présent je te hais à la mort;
Et dans le point de vûe où je te vois paroître,
De mon juste courroux je ne suis plus le maître.

LISETTE *lui donnant un soufflet.*

Pour te prouver le mien, faquin infortuné,
Tien, reçois en partant ce que l'on m'a donné.

(*Elle s'enfuit.*)

ARLEQUIN.

Ah! Tu fais bien de fuir, je t'aurois sur mon ame,
Sans être ton époux, traité comme ma femme.
Finir sans mariage, & rompre sagement,
Voilà ce qu'on apelle un heureux denouement.

FIN.

DIVERTISSEMENT.

LE CHANTEUR.

Accourés, tendres Amans,
L'Amour en ces lieux vous apelle,
L'Hymen qui, sur ses pas, marche dans ces momens,
Va vous unir d'une chaîne éternelle,
Et vous payer de vos tourmens.
Accourés, tendres Amans,
L'Amour en ces lieux vous apelle.

Entrée d'Amans de différentes Nations.

LE CHANTEUR.

Prêts d'être possesseur
De l'objet que votre cœur aime :
D'un espoir si flatteur
Goûtez bien lentement la volupté suprême.
Souvent l'attente du bonheur
Est au-dessus du bonheur même.

Entrée de la Haine, déguisée sous l'habit de l'Hymen.

LE CHANTEUR.

Arrêtez-vous ! Troupe abusée.
Fuyés, fuyés le joug qu'on veut vous imposer.
Sous les traits de l'Hymen, la Haine déguisée,
Ne prétend vous unir que pour vous diviser.

(*Ici la Haine se démasque.*)

LE CHANTEUR.

La Haine est démasquée, & sa noire présence,
Vient d'empoisonner l'air qu'on respire en ces lieux.
Déja sa fatale puissance
Me transporte moi-même, & me rend furieux.

G 3

(*La Ha ne divi;e les Amans.*)

LE CHANTEUR.

Loin les soupirs, les fadeurs & les larmes,
Haïssons - nous, haïssons-nous,
Haïssons-nous, rien n'est plus doux.
Fuyons l'Amour, & pour braver ses charmes;
Pour voir tous nos travers, arrachons son bandeau.
La Haine, contre lui, vient nous offrir des armes,
Des mains de la raison elle tient son flambeau.
Loin les soupirs, les fadeurs & les larmes,
Haïssons-nous, haïssons-nous,
Haïssons-nous, rien n'est plus doux.

Fin du Divertissement.

LES AMOURS

ANONYMES,

COMEDIE.

ACTEURS.

LA COMTESSE, Veuve.

LUCINDE.

AGATE.

ORONTE, Amant anonyme d'Agate.

DAMIS.

DORANTE, Epoux anonyme de Lucinde.

ARLEQUIN, Valet de Dorante.

*La scène est en Touraine, sur la Terrasse
d'un Jardin.*

LES AMOURS

ANONYMES,

COMEDIE.

ACTE PREMIER.

SCENE PREMIERE.

LUCINDE *seul.*

A beauté de ces lieux n'adoucit point ma
    peine ;
Dorante est à Paris, je m'ennuie en Tou-
    raine.
On me croit insensible, & personne ne sçait
Que nous sommes tous deux unis d'un nœud secret.
Qu'on souffre à déguiser les tourmens de l'absence,
Sous les traits de la joie & de l'indifférence !
Ce qui rend mon esprit encore plus inquiet,
Je ne vois point venir Arlequin son muet ;

H 5

Il devoit au plûtôt m'écrire par ce More.
Quinze jours font paffés, & je l'attens encore !
Quoi ? Son amour déja feroit-il ralenti ?...
Non ; j'ai tort. Notre hymen eft trop bien affoiti ;
Il eft, de plus, caché ; le myftére l'anime :
Et l'époux eft amant, quand il eft anonyme.
La Comteffe paroît, & tourne ici fes pas ;
Feignons, & que fes yeux ne nous pénétrent pas.

SCENE II.

LUCINDE, LA COMTESSE.

LA COMTESSE.

D'Où vous vient aujourd'hui cette humeur foli-
taire ?

LUCINDE

Aux fadeurs de Damis j'ai voulu me fouftraire :
Du grand monde qu'il cite, il a mal profité ;
Et je n'ai jamais vû d'homme plus aprété.
Quand il ne vous dit mot, fon air vous défoblige ;
Et, s'il vous entretient, fon jargon vous afflige.
La bonne compagnie eft fon terme chéri,
Et, vifer au grand bien, eft fon goût favori.
Tranchant du bel efprit & du Seigneur, fans l'être,
Il s'exprime en pédant, & penfe en petit-maître.

LA COMTESSE.

Il eft vrai, c'eft un fat qui ne reffemble à rien.
Pour vous dédommager d'un pareil entretien,
Je vous dirai qu'Oronte inceffamment arrive.

LUCINDE

Le contrafte eft parfait ; ma joïe en eft très vive.

LA COMTESSE.

Ce qui rend à mes yeux fon mérite plus grand,
C'eft qu'il eft né modefte autant que bienfaifant,
Et qu'il cache les dons de fa main libérale,

Avec le même soin qu'un autre les étale :
La Cour, où le grand art est souvent d'être faux,
A poli ses vertus, & non pas ses défauts.

LUCINDE.

Ajoûtez à cela, que son esprit allie
La solide raison à l'aimable saillie.
Philosophe du monde, il est gai, complaisant,
Et sçait l'art d'abuser, même en moralisant.
Sans en être la dupe, il se plie à l'usage,
Et, sous l'homme du siécle, il cache le vrai sage.

LA COMTESSE.

Cet éloge est complet ; &, si de votre cœur
Je pouvois ignorer l'invincible froideur,
Je vous croirois sensible au mérite d'Oronte.

LUCINDE.

A former des soupçons je ne suis pas moins prompte ;
Et j'en croirois autant de vous-même en ce jour,
Si je ne sçavois pas que les traits de l'amour
Ne font sur votre esprit qu'une atteinte legére,
Et qu'il n'est occupé que du desir de plaire.

LA COMTESSE.

Ma vanité médite un triomphe plus beau,
Et veut se signaler par un effort nouveau.
Forcer des cœurs communs à me rendre les armes,
Ne m'offre qu'une gloire au-dessous de mes charmes.
Parlez-moi de soumettre un homme indifférent,
Qui, mettant, comme vous, son bonheur le plus
    grand
A braver de l'amour le pouvoir redoutable,
Hors la tranquillité ne trouve rien d'aimable.
Voilà l'ambition qui flâte mes attraits,
Et la seule conquête échapée à mes traits.
Si j'attache à mon char un amant de la sorte,
Il n'est point de beautés sur qui je ne l'emporte.

LUCINDE.

Quel est donc cet amant ?

LA COMTESSE.

Dorante.

H 6

LUCINDE à part.

Mon époux!

(à la Comtesse.)

Oh! Vous le soumettrez avec des yeux si doux.

LA COMTESSE.

Plaisanterie à part, j'ai tout lieu de le croire.
J'ai déja, pour le moins, ébauché ma victoire.
Dans un long entretien qu'avec lui, par hazard,
Je liai, quelques jours avant notre départ,
Il blâma poliment ma parure coquette,
Disant que l'art nuisoit à la beauté parfaite.
Moi, je lui répondis que j'en avois besoin;
Qu'à mes femmes pourtant j'épargnerois ce soin,
Si je croyois par-là m'attirer son hommage.

LUCINDE.

Et que repliqua-t'il à ce tendre langage?

LA COMTESSE.

Non, dit-il, en riant, gardez-vous de changer,
Et ne m'exposez pas à ce cruel danger.
Si vous faisiez sur vous un effort si pénible,
Je craindrois à mon tour de devenir sensible.
Je pars pour la campagne afin de l'essayer,
Répartis-je à l'instant; j'ose vous défier.
Que Monsieur vienne armé de son indifférence,
Sa défaite sera le prix de ma constance:
Et, pour venger l'honneur de mon sexe outragé,
Je vais dans mon château l'attendre en négligé.

LUCINDE.

A ce défi galant il souscrivit sans doute?

LA COMTESSE.

Oui. Quelque grand que soit le péril qu'il redoute,
Dorante m'a promis de venir l'affronter;
Et, pour l'assujettir, je sçaurai tout tenter.

LUCINDE à part.

O situation & cruelle & gênante!
Je suis en même-tems rivale & confidente:
Elle m'ouvre son cœur, je dois cacher le mien;
Je brûle de parler, & ne puis dire rien.

LA COMTESSE.

Comme j'ai dans l'esprit qu'il viendra ce jour même,
J'ai fait dans ma parure une réforme extrême ;
Et mon goût a voulu se conformer au sien.
Comment me trouvez-vous ?

LUCINDE *à part.*

Elle s'adresse bien !

LA COMTESSE.

Ma coëffure, parlez, sied-elle à ma personne ?

LUCINDE *à part.*

Que trop !

LA COMTESSE.

Est-elle, là, modestement friponne ?
Répondez franchement : suis-je bien ?

LUCINDE.

A charmer.

LA COMTESSE.

Je puis donc me flâter de pouvoir l'enflammer ?

LUCINDE *à part*

Ah ! Si ma main osoit toucher à sa coëffure,
Elle lui donneroit toute une autre tournure.

LA COMTESSE.

Un tel ajustement convient à mon état.

LUCINDE.

Oui, d'une jeune veuve il rehausse l'éclat,
Quand elle a, comme vous, le bonheur d'être belle ;
Et la simplicité semble faite pour elle.

LA COMTESSE.

A Dorante mes yeux ne feront nul quartier ;
Un négligé galant n'est que plus meurtrier.
Mais on vient. C'est Agate.

LUCINDE.

Un moment je vous laisse,
Pour achever d'écrire une lettre qui presse.

(Elle se retire.)

SCENE III.

LA COMTESSE, AGATE.

LA COMTESSE.

VOus venez à propos, Agate , aprochez-vous;
Je dois vous découvrir un secret des plus doux.
D'un servile devoir déformais affranchie,
Vous n'êtes plus chez moi que sur le pied d'amie;
De l'état de Suivante aujourd'hui vous sortez.

AGATE.

Moi, Madame!

LA COMTESSE.

   Oui, vous-même; & vous le méritez.
A de nobles parens vous devez la naissance;
Vous n'aviez contre vous que la seule indigence,
Titre plus respectable auprès des gens de cœur,
Que la richesse acquise aux dépens de l'honneur.
C'étoit de la fortune un injuste caprice,
Elle répare tout par un retour propice;
Et sa main, dans ce jour , prépare à vos beautés
Un fort même au-dessus du sang dont vous sortez:
Vous pouvez en jouir sans honte & sans bassesse;
Et de vos sentimens on vous laisse maîtresse.

AGATE.

Un tel discours m'étonne avec juste raison.
Aprenez-moi, de grace, à qui je dois ce don?

LA COMTESSE.

Vous devez à vous-même un si grand avantage,
Et de votre mérite il est l'heureux ouvrage.
Puisqu'il faut découvrir ce mystére à vos yeux,
Un inconnu m'envoie un dépôt en ces lieux;
Il joint à ce trésor un Billet anonyme,
Dans lequel il m'écrit qu'un amour plein d'estime,
Et qui n'a pour objet que le bien de vos jours,

L'oblige à me prier d'accepter ce secours;
Pour vous faire un état plus digne de vos charmes;
Que vos malheurs, qu'il sçait, ont fait couler ses
      larmes;
Qu'ils augmentent pour vous son zèle & ses égards;
Et rendent vos attraits plus chers à ses regards.
Il viendra, poursuit-il, dans ce séjour champêtre,
Sçavoir vos sentimens, qu'il brûle de connoître.
Il laisse votre cœur libre parfaitement,
Et ne vous enrichit que pour vous seulement :
Il veut, selon le choix qu'il vous plaira de faire,
Devenir votre époux, où vous servir de pere;
Et ses feux sont si purs, qu'il se compte pour rien,
Et qu'à vous rendre heureuse il borne tout son bien.

A G A T E.

Ce que j'aprens, Madame, est si peu vraisemblable,
Que mon esprit encore le prend pour une fable.
Comment croire un tel fait ? Il n'est pas dans nos
      mœurs,
Car le bel air consiste à séduire nos cœurs.
Dans un tel procédé je méconnois les hommes;
Les presens qu'ils nous font, dans le siécle où nous
      sommes,
Sont moins un don pour nous, qu'un prix honteux &
      bas,
Que leur propre intérêt attache à nos apas.
On les voit pour eux seuls donner à leurs maîtresses,
Et payer leurs vertus moins cher que leurs foiblesses.

L A   C O M T E S S E.

Plus vous avez de peine à concevoir ce trait,
Plus vous devez d'estime à celui qui l'a fait :
Vous ne pouvez avoir trop de reconnoissance;
Votre cœur peut lui seul être sa récompense.

A G A T E.

Je sens, comme je dois, sa générosité,
Et me conforme en tout à votre volonté :
Je ne puis m'égarer en vous ayant pour guide;
Mon ame, cependant, délicate & timide,

Sent de la répugnance à recevoir ses dons;
Et d'un pareil bienfait je rougis dans le fonds.
De refuser tout homme, on nous fait un précepte;
Il en est un.

LA COMTESSE.

Son cœur mérite qu'on l'excepte.
Envers vous l'Inconnu se conduit de façon
Qu'il ferme sagement tout chemin au soupçon.
Pour n'être point suspect, c'est à moi qu'il s'adresse:
Tel est même l'excès de sa délicatesse,
Qu'il rend votre destin indépendant du sien,
Et vous laisse à vous-même, en vous comblant de bien.

AGATE.

Madame, vos raisons dissipent mon scrupule;
Je bannis ma frayeur, puisqu'elle est ridicule.

LA COMTESSE.

Toute injuste qu'elle est, j'aime à l'apercevoir;
Elle montre un esprit jaloux de son devoir.
Votre vertu me plaît, votre bonheur m'enchante;
Et je ne vous vois plus que comme une parente.
Allez, dans ma maison, je prétens désormais
Que chacun vous distingue autant que je le fais.

AGATE.

Ah! C'est trop de bontés. Ma fortune, Madame,
En changeant mon état, ne change point mon ame;
Non, Agate jamais ne se méconnoîtra;
De ce qu'elle vous doit, elle se souviendra.
Plus vous aurez pour moi d'égard & d'indulgence,
Madame, plus j'aurai pour vous d'obéissance;
Et ce bien qu'on accorde à mon peu de beauté,
Augmentera mon zèle, & non ma vanité.

(Elle sort.)

SCENE IV.

LA COMTESSE *seule.*

Elle est digne, en effet, d'un sort si favorable ;
Elle a tout ce qui peut rendre une fille aimable ;
A l'exacte sagesse elle unit l'agrément,
Et joint beaucoup d'esprit à plus de sentiment.
Mais à mes yeux surpris quel objet se présente ?
N'est-ce pas Arlequin, le muet de Dorante ?
C'est lui-même. Je suis dans le ravissement !
Et son maître, sans doute, arrive en ce moment.

SCENE V.

LA COMTESSE, ARLEQUIN.

LA COMTESSE.

(*Il fait signe que non.*)
Dorante te suit-il ? Non. Il doit donc m'écrire ?
Tu ne fais aucun signe, & je ne sçais que dire.
Mais je vois un billet que veut cacher ta main.
Cesse de badiner ; donnes donc, Arlequin.
Pourquoi tant de façons ? C'est à moi qu'il s'adresse :
Tu dois me reconnoître, & je suis la Comtesse.
Pour l'obliger plus vîte à rendre ce papier,
Du chemin qu'il a fait il faut le défrayer.

    (*Arlequin tend les deux mains pour recevoir*
      l'argent de la Comtesse, & laisse tomber le
      billet)
        (*elle ramasse le billet & lit.*)

„ Las de faire en public le rôle d'insensible,
  „ Je suivrai de près ce billet,

,, Pour faire près de vous celui d'amant parfait :
,, Ce personnage-là me sera moins pénible ,
,, Quoique je n'ose encore le remplir qu'en secret.
,, Sous ce titre , à vos yeux , je veux toujours paroître ;
 ,, Et je jure au fond de mon cœur ,
 ,, D'en conserver toujours l'ardeur ,
 ,, Et de ne vivre que pour l'être.

(après avoir lû.)

Mes desirs sont remplis ! Dorante est amoureux ;
Et je suis en secret l'objet de tous ses vœux !
Ce billet me répond de sa vive tendresse.
C'est par discrétion qu'il n'a pas mis d'adresse.
J'aurois tort d'en douter , c'est à moi qu'il l'écrit ;
Il a trop de raport à tout ce qu'il m'a dit.
Arlequin , je n'ai plus besoin de ta présence ;
De tout ce jeu badin cesse l'extravagance.
Va , je veux être seule. Obéi , laisses-moi ;
C'est trop me fatiguer. Vîte , retires-toi.

(Arlequin se retire avec peine , après avoir fait
plusieurs lazzis qui marquent l'embarras & le
chagrin où il est de voir , entre les mains de la
Comtesse, le billet qui est pour Lucinde , & qu'il
n'ose redemander, de peur de découvrir l'anonyme que Dorante lui a recommandé de garder.)

SCENE VI.

LA COMTESSE *seule.*

J'Attens , j'attens Lucinde avec impatience ;
Je veux de mes transports lui faire confidence.
Dans le sein d'une amie il est doux d'épancher
Un bonheur qu'à tout autre on a soin de cacher :
Quand on le communique , il flatte davantage ;
Et l'on sent doublement un bien qui se partage.

SCENE VII.

LA COMTESSE, LUCINDE.

LUCINDE sans voir la Comtesse.

POur chercher Arlequin je reviens sur mes pas ;
Je le croyois ici , mais je ne le vois pas.

LA COMTESSE apercevant Lucinde.

Ah ! Lucinde, aprochez pour partager ma joye ,
Et lisez ce billet que Dorante m'envoie ,
Vous y verrez ma gloire , & dans tout son éclat.

LUCINDE à part , ayant jetté les yeux sur le billet
(après avoir lû.)

Voilà son caractére. Ah ! Qu'ai-je lû? L'ingrat !
A d'autre qu'à moi-même auroit-il dû l'écrire ?
Mais cachons à ses yeux le trouble qu'il m'inspire.

LA COMTESSE.

Hé bien , vous le voyez, mon triomphe est parfait ;
Mais prenez-y donc part.

LUCINDE.

   J'y prens part en effet
Plus que vous ne pensez ; & j'y suis si sensible ,
Que de vous l'exprimer il ne m'est pas possible !

LA COMTESSE.

C'est pour moi que Dorante arrive dans ces lieux ,
Et je puis m'aplaudir du pouvoir de mes yeux.
Quelle gloire d'avoir vaincu ce cœur rebelle !
Pouvois-je remporter de victoire plus belle ?
C'en est fait , dans mes fers pour toujours je le tiens :
Un esclave pareil ne rompt point ses liens :
L'amour prend , à le vaincre , une peine infinie ;
Mais , quand il est soumis, c'est pour toute la vie ;
Et son ame entraînée avec rapidité ,
Passe de la froideur à la fidélité.

LUCINDE *à part.*

Ah ! Je fais du contraire une épreuve cruelle,
Il étoit insensible, il devient infidelle.

LA COMTESSE.

Lucinde, en ce moment, pour sentir mon bonheur,
Je voudrois que l'amour eût touché votre cœur :
Ce cœur pouvoit alors connoître par lui-même
Quel est l'enchantement de plaire à ce qu'on aime.
Non, tous les autres biens n'ont qu'un goût imparfait,
Pour les amans heureux, le vrai plaisir est fait.

LUCINDE *à part.*

Et la vive douleur, pour l'épouse trahie,
J'ai peine à contenir ma juste jalousie !

LA COMTESSE.

Je vois que vous sentez mon discours foiblement.

LUCINDE.

Non, non, vous vous trompez, je le sens vivement,
Mais Damis vient. Adieu. Son aspect m'importune.

(à part en s'en allant.)

Allons seule en secret, pleurer mon infortune.

LA COMTESSE.

Oui, c'est le beau Damis : qu'il a l'air radieux !
Allons, préparons-nous à converser au mieux.

<hr>

SCENE VIII.

LA COMTESSE, DAMIS.

DAMIS.

Madame, vous voyez un homme dans l'yvresse.

LA COMTESSE.

Si matin ?

DAMIS.

C'est d'esprit, d'esprit, belle Comtesse.
Je ne me lasse pas d'admirer ce château ;
Il est beau, beau, très-beau, du vrai beau, du grand
beau :

La tournure en est neuve ; oui, neuve, intéressante:
Sa beauté me surprend, ta beauté m'épouvante,
Vrai, d'honneur, en honneur, & sur mon grand honneur.

LA COMTESSE.

Oh, ma foi, sur ma foi, ce discours me fait peur.

DAMIS.

J'aime à voir ce jet-d'eau s'élançant par boutade,
Pousser en grand son onde, & jouer la cascade ;
Et ce bassin, du jour répétant la splendeur,
Badiner le soleil, & le rendre en douceur.
Ce jardin décoré de berceaux, de terrasses,
Est planté par le goût, façonné par les graces ;
Et ces bosquets toutus semblent formés exprès
Pour les plaisirs furtifs, pour les amours secrets,
Et les tendres faveurs d'une jeune bergere,
Que l'ombre doit cacher, & le mystere taire.
Quoique jeune & badin, je suis vraiment discret ;
Je traite l'anonyme au plus fin, au parfait,
Et je file au plus doux le sentiment, le tendre.
Moins légere aujourd'hui, si vous vouliez m'entendre,
Nos cœurs pourroient porter le roman au plus haut,
Soupirer au plus fort, & brûler au plus chaud.
A goûter le piquant d'une flamme anonyme ;
Tout ce qu'on voit ici vous porte, vous anime :
Ce beau désert, ce Ciel aussi calme que pur,
Le silence prudent de ce bois sombre, obscur,
Cette grotte isolée, & ce ruisseau que j'aime,
Dont le murmure est doux, & secret à l'extrême ;
L'exemple familier de ces petits moineaux,
Moineaux que vous voyez cachés sous ces berceaux ;
Ces oiseaux écartés que forme la tendresse,
Retiennent leur gosier pour taire leur caresse.
Suivons de ces derniers l'instinct sûr & charmant ;
Ils s'aiment tendrement, fortement, sagement :
Et voilà de l'amour, voilà le vrai systême.
Pour le traiter au mieux, dans le sublime même,
Entrons, Madame, entrons dans un de ces bosquets
Dont les feuillages sont épais, frais & discrets.

Non, non, je fuis l'amour, l'amour & le myſtére;
Monſieur, ma liberté, liberté m'eſt trop chere;
Ce qui fait, aujourd'hui que votre amour ſecret
Me ſurprend au plus fort, & me choque au parfait,
J'eus toujours pour le tendre une haine invincible,
Et des boſquets épais l'ombrage m'eſt nuiſible.
Si des oiſeaux par moi l'exemple eſt imité,
C'eſt dans leur badinage & leur légéreté.
Voyez là-bas, voyez cette linote alerte,
Linote ſautillant ſur cette branche verte;
Un étourneau s'aproche, & voudroit l'attendrir :
Zeſte ! Elle prend l'eſſor quand il croit la tenir.
Dès qu'on veut, près de moi, le prendre pour modèle,
Comme elle je m'échape, & vole à tire d'aîle.
Tire d'aîle.

(Elle fuit.)

SCENE IX.

DAMIS ſeul.

L'Adieu me paroît ſingulier;
Il eſt particulier, mais très-particulier !
Tout bien examiné ! ſa fuite eſt impolie.
Elle a bien fait, parbleu, d'être femme & jolie :
Je veux, pour la punir, je veux la ſubjuguer,
Et je lui montrerai qu'on doit me diſtinguer ;
Que partout où je vais, je prends d'une maniére
Qui ne lui permet pas de me rompre en viſiére;
Que je ſuis tranſcendant en commerce réglé,
Et que, dès qu'il me voit, le beau ſexe eſt comblé.

Fin du premier Acte.

ACTE II.

SCENE PREMIERE.

DAMIS.

JE veux, pour un moment. oublier la Comtesse,
Et vais près de Lucinde essayer ma tendresse,
Par son air sérieux, loin d'être rebuté,
Mon cœur se sent piqué par la difficulté.
Pour vaincre, je ne veux qu'un simple tête-à-tête.
Mais, bon, l'amour déja m'améne ma conquête !
Lucinde rêve ! O Ciel ! Quel changement flateur !
Elle pousse un soupir, soupir qui part du cœur !
Sa personne respire un triste qui m'enchante.
Aurois-je triomphé de sa froideur glaçante ?
Elle parle ; écoutons pour en être éclairci.

SCENE II.

DAMIS, LUCINDE.

LUCINDE *sans voir Damis.*
Voyage malheureux ! Pourquoi venois-je ici ?
L'amour m'y préparoit le coup le plus à craindre !

DAMIS *à part.*
Hem ! Qu'avois-je dit ?

LUCINDE.
   J'aime, & sans oser m'en plaindre !
Un ingrat un volage.

DAMIS *à part.*

Un volage, un ingrat ;
Voilà mes qualités ; c'est moi, sans être fat.

LUCINDE.

La Comtesse lui plaît, il me quitte pour elle !

DAMIS *à part.*

Oui, je lui rens des soins : autre preuve nouvelle.
Bon, j'ai déja soumis la plus fiére des trois.
Parlons-lui, j'ai pitié du trouble où je la vois.

LUCINDE.

Auroit-il dû tromper la flamme la plus pure ?

DAMIS *haut.*

Il ne la trompe pas, c'est lui qui vous l'assure.

LUCINDE.

Qui me parle ?

DAMIS.

Damis, qui partage vos maux.

LUCINDE *à part.*

Ah, Ciel !

DAMIS.

Consolez-vous, vous n'aimez pas à faux.

LUCINDE *à part.*

Je suis au désespoir ! M'auroit-il entendue ?

DAMIS.

Ne dissimulez plus ; votre ardeur m'est connue.

LUCINDE.

Mon ardeur ?

DAMIS.

Oui, l'ardeur que vous avez pour moi.

LUCINDE *à part.*

Quel est mon embarras !

DAMIS.

Madame, sur ma foi,
Si vos feux sont parfaits, mon amour est sublime ;
Et, pere du respect, il est fils de l'estime.

LUCINDE.

Ce discours n'est, Monsieur, qu'un galimatias.

DAMIS.

DAMIS.

Mais vous m'aimez.

LUCINDE.

Qui ? Moi ? Je ne vous aime pas.

DAMIS.

Mais j'ai tout entendu ; c'est feindre à pure perte :
J'entre dans la douleur que vous avez soufferte ;
Votre état, en honneur, m'attendrit tout-à-fait.
Je vous parois volage, & sans l'être en effet.
Vrai, ma Lucinde, au vrai, mes soins pour la Com-
    tesse
Sont pur amusement, & simple politesse.

LUCINDE.

Pour tenir ce propos, il faut, en vérité,
Il faut être, Monsieur, bien plein de vanité.

DAMIS.

Mais, quand d'amour pour moi je vous crois possé-
    dée,
Ma vanité, Madame, est tout au mieux fondée.
Je vous surprens ici vous plaignant d'un Amant
Qui vous y fait souffrir le plus cruel tourment :
Cet Amant ne peut être un autre que moi-même,
Car je vous fais ma cour avec un soin extrême ;
Vous n'y voyez, d'ailleurs, d'homme aimable que moi ;
Allons, convenés-en, soyés de bonne foi.

LUCINDE.

Je ne sçaurois tenir contre une telle audace ;
Et je prends le parti d'abandonner la place.

DAMIS.

C'est moi qui me retire ; &, par discrétion,
Je dois vous laisser seule en cette occasion :
C'est le dernier combat d'une fierté mourante,
Qui fuit de son Vainqueur la vûe embarrassante.
Adieu. Je choisirai, pour revenir vers vous,
Un tems où mon aspect vous semblera plus doux,
Plus doux.

               (*Il se retire.*)

SCENE III.

LUCINDE *seule.*

Vit-on jamais orgueil plus méprisable ?
Son excès, après tout, me devient favorable,
Puisqu'il ferme les yeux mérite d'autrui,
Et ne laisse tourner ses regards que sur lui.
Mais qui vois-je paroître ? Ah ! C'est mon infidèle !
Et sa présence ajoûte à ma peine mortelle !

SCENE IV.

DORANTE, LUCINDE.

DORANTE.

Je revois ma Lucinde. Ah ! Quel raviffement !
Embraffez votre Epoux, ou plûtô votre Amant ;
Que ses feux empreffés vous raménent plus tendre.
Mon tranfport eft fi vif, qu'il ne peut fe comprendre !
Quoi ! Vous vous refufez à ce tranfport fi doux ?
Lucinde, eft-ce l'accueil que j'attendois de vous ?

LUCINDE.

Perfide ! c'eft celui que vous doit une femme,
Dont vous avez trahi la trop crédule flamme.

DORANTE.

J'ai trahi votre flamme ! Ah ! Qu'eft-ce que j'entens ?
Je demeure muet à ces mots infultans.

LUCINDE.

Ne vous contraignez plus : allez à la Comteffe,
Allés porter l'ardeur promife à ma tendreffe ;
Courez vous aplaudir de l'infidélité,

Et faire, de ma peine, hommage à sa beauté :
Mais elle vous prévient. Ma présence vous gène.

DORANTE.

Vous m'offensez, Lucinde ; & c'est plûtôt la sienne.

SCENE V.

DORANTE, LUCINDE, LA COMTESSE.

LA COMTESSE.

AH ! Dorante, c'est vous ! Nos vœux sont satis-
faits !
Et vous avez suivi votre Billet de près :
C'est être ponctuel à tenir sa promesse.

DORANTE *bas à Lucinde.*

Quoi ! Vous avez montré ma lettre à la Comtesse ?

LUCINDE *bas à Dorante.*

Ah ! Le tour est fort bon ! C'est elle, ce matin !
Traître ! qui m'a fait voir un Billet de ta main.

DORANTE *à part.*

Qu'entens-je ?...

LA COMTESSE *à Dorante.*

Mon discours paroît vous interdire.

DORANTE *à part.*

Arlequin s'est mépris, & je ne sçai que dire.

LA COMTESSE.

L'Amour vous rend timide. Allés, rassurez-vous,
L'aveu de votre ardeur, je l'ai lû sans courroux.

DORANTE *d'un air embarrassé.*

Je suis...

LA COMTESSE.

Lucinde sçait votre flamme secrette,
Vous pouvez tout me dire ; elle est sage & discrette.

DORANTE.

Je voudrois... m'expliquer... mais... à ne rien celer,
En présence d'un tiers... je ne sçaurois parler.

LUCINDE *bas à Dorante*.
Perfide ! tu voudrois que je me retirasse !

DORANTE *à la Comtesse*.
Je dois fuir tout témoin ; & sur cette terrasse..;

LA COMTESSE.
Oûi , l'on est trop en vûe , & vous avez raison ;
Nous serons beaucoup mieux , Monsieur , dans mon
    Salon :
Pour tromper les regards , je vais seule m'y rendre ;
Vous y viendrés ensuite , & je vais vous attendre.

             (*Elle rentre.*)

SCENE VI.

DORANTE, LUCINDE.

LUCINDE.
Vous brûlez d'être seul , je vois votre embarras :
Mais non j'aurai l'honneur d'accompagner vos pas

DORANTE.
Au contraire , je suis charmé qu'elle nous quitte ;
Et vous me soupçonnés sans que je mérite.

LUCINDE.
Par ton propre Billet n'es-tu pas convaincu
Tu l'as écrit.

DORANTE.
    Pour vous.

LUCINDE.
        Quand elle l'a reçû.

DORANTE.
C'est à vous qu'Arlequin devoit ici le rendre ;
Et je ne sçai comment il a pû s'y méprendre.

LUCINDE.
Quoi ! Vous m'auriez écrit ce Billet dans ce jour ;

DORANTE.

Pouvez-vous en douter, puisqu'il est plein d'amour ?
Vos yeux qui m'ont fait seuls connoître la tendresse,
Ont-ils pû s'y tromper, quoiqu'il fût sans adresse ?
Je veux, pour vous convaincre, & chasser tout soup-
    çon,
Parler devant vous-même à la Comtesse.

LUCINDE.

                      Non ;

Pardonnés au dépit qui vous a fait outrage,
Et d'un excès d'amour songés qu'il est l'ouvrage.

DORANTE.

Pour payer cet amour comme il l'a mérité,
Apprenés que je touche au moment souhaité,
Où ma bouche pourra déclarer l'hymenée
Qui tient mes jours liés à votre destinée.
La Charge que je viens d'obtenir par Cléon,
Assure ma fortune, & sert notre union.
Lui-même s'est chargé de l'aprendre à mon Pere ;
J'attends son agrement. Mais nous fut-il contraire ?
Ma flamme dans vos droits sçaura vous maintenir,
Et le trépas, lui seul, pourra nous défunir.

LUCINDE.

De joye, à ce discours, votre Epouse est comblée !
Mais à cette douceur une crainte est mêlée.
La froideur suit souvent un Hymen déclaré ;
Et le mari l'est trop, dès qu'il est avéré.

DORANTE.

Je dois être excepté de la régle commune ;
C'est pour votre bonheur que j'aime ma fortune.
Vous ne verrez jamais mon cœur se démentir ;
Et l'amour d'un Epoux ne peut se ralentir
Quand il a la beauté pour objet légitime,
Pour guide, le devoir, & pour base, l'estime.

LUCINDE.

Je me sens rassurer par des mots si flatteurs.
Nous devons cependant contraindre nos ardeurs,
Et nous avons, sur-tout, à craindre la Comtesse ;

Votre esprit, dans l'erreur, doit laisser sa tendresse.
DORANTE.
Un procédé pareil tient de la fausseté.
LUCINDE.
D'une Coquette on peut tromper la vanité
Sans blesser la franchise & choquer la droiture :
Par la feinte, après tout, c'est punir l'imposture.
On vient. Séparons-nous de peur d'être surpris.
DORANTE.
Je maudis la contrainte.
LUCINDE.
      Et moi, je la chéris !
Nous devons nos plaisirs, Dorante, à cette gêne ;
Et, si nous nous quittons l'un & l'autre avec peine,
A nous retrouver seuls nous mettrons nos efforts,
Et nous nous reverrons avec plus de transports.
L'obstacle à la tendresse est souvent nécessaire ;
C'est-là ce qui nourrit le desir de nous plaire :
L'hymen, par ce secours, devient un nœud charmant,
Et d'un commerce tendre il a tout l'agrément.

SCENE VII.

AGATE *seule.*

O Ciel ! inspires-moi ce qu'il faut que je fasse !
Autant qu'il me surprend, mon bonheur m'embar-
   rasse :
Je voudrois m'acquitter par le don de mon cœur,
Mais, par malheur, un autre en est le possesseur.
On vient. C'est Arlequin.

SCENE VIII.

AGATE, ARLEQUIN.

AGATE.

Que veut-il faire entendre ?
A tous ces signes-là je ne puis rien comprendre.
(Arlequin fait plusieurs signes à Agate, pour lui
faire entendre qu'il est amoureux d'elle.)

AGATE.

Comment donc ? L'insolent ! Il veut baiser ma main !
Ne nous exposons point avec un tel coquin.
Fuyons, dérobons-nous aux transports de ce more.

ARLEQUIN *retenant Agate.*

Belle Agate, arrêtez, Arlequin vous adore.

AGATE.

O C.... Ce muet parle ! Un tel événement
Redouble ma frayeur & mon étonnement !

ARLEQUIN.

Ne craignez rien, ma Reine, & demeurés, vous
        dis - je ;
Ma tendresse, aujourd'hui, fait seule ce prodige ;
Et je suis Arlequin muet par amour.

AGATE.

                        Vous ?

ARLEQUIN.

Oui, ma langue est très libre ; & ce n'est, entre nous,
Que pour pouvoir ici vous rendre mon hommage,
Que j'ai feint d'en avoir perdu l'entier usage.

AGATE.

Pourquoi donc employer cet étrange moyen ?

ARLEQUIN.

Je n'en avois point d'autre ; &, pour ne cacher rien,
N'ayant aucun accès près de votre Maîtresse,

Et ſçachant que Dorante, ami de la Comteſſe,
Vouloit prendre un muet pour en être ſervi,
J'en ai joué le rôle, & ſuis entré chez lui,
Dans l'eſpoir qu'en ces lieux il feroit un voyage;
Et que je vous verrois ſous ce faux perſonnage.
Heureuſement pour moi mon piége a réuſſi;
Je vous vois, je vous parle, & vous déclare ici
L'amour prompt & ſubtil que j'ai pris dans la rue,
Un jour que le haſard vous offrit à ma vûe.
Pour vous voir, par ce trait jugés de mon ardeur;
J'ai feint d'être muet, moi qui ſuis grand parleur.
J'attends a vos genoux, j'attends la récompenſe
D'un ſi parfait amour, & d'un ſi dur ſilence.
Prononcés, belle Agate, arbitre de mes jours,
Un mot va terminer ou prolonger leurs cours.

A G A T E.

La déclaration eſt touchante & flatteuſe,
La conquête brillante, & la journée heureuſe,
Mais, Monſieur, l'attitude eſt gênante pour vous,
Et vous ſerez levé, beaucoup mieux qu'à genoux.
Mon ame ſent le prix d'un cœur comme le vôtre;
Mais nous ne ſommes pas, Monſieur, faits l'un pour l'au-
    tre.

A R L E Q U I N.

Mon deſtin eſt pourtant conforme à votre ſort,
Et nos perſonnes, même, ont beaucoup de raport.
Vous ſervez la Comteſſe, & moi, je ſers Dorante;
Je ſuis valet-de-chambre, & vous êtes ſuivante;
Vous êtes brune, enfin, & je ne ſuis pas blond:
Je puis vous épouſer ſans vous faire d'affront.

A G A T E.

Oui; mais vous êtes, vous, toujours dans le ſervice,
Et de ſuivante, moi, je ne fais plus l'office.
Vous êtes né valet, & fait pour obéir,
Moi, je ſuis Demoiſelle, & l'on doit me ſervir.

A R L E Q U I N.

Demoiſelle? Tant mieux! Je vous en félicite;
Mais la naiſſance, au fond, ne fait pas le mérite

AGATE.

Songez, quoi qu'il en foit, à refpecter mon fang.

ARLEQUIN.

Eh! Madame, l'amour ne connoît point de rang.
Vous me la donnez belle avec votre nobleffe !
Le plus noble eft celui qui fent plus de tendreffe ;
Et par-là, plus qu'aucun, je dois l'être pour vous.
Prenez, en ma faveur, des fentimens plus doux.
Pourquoi vous offenfer de mes ardeurs parfaites ?
Nos Seigneurs, tous les jours, préférent des grifettes.

AGATE.

Vous vous moquez de moi ! Le cas eft différent ;
Un homme peut fort bien defcendre en foupirant :
Dès qu'une fille eft belle, elle a droit de lui plaire ;
Et la beauté, Monfieur, n'eft jamais roturiére.

ARLEQUIN.

Je ne difpute pas, Madame, là-deffus ;
Par-là même, pour moi, je combats vos refus.
Puifqu'un Grand peut aimer une grifette aimable,
Une Dame, à fon tour, d'un Bourgeois eftimable
Peut écouter les vœux.

AGATE.

                    Non pas fans fe trahir :
L'amour doit l'élever, & jamais l'avilir.

ARLEQUIN.

Ah ! Vous me faites voir une fierté que j'aime.
Sçachez donc que je puis vous élever moi-même.

AGATE.

Comment ?

ARLEQUIN.

                    Vous m'avez dit votre état dans ce jour ;
Je dois vous dévoiler ma naiffance, à mon tour.
Bien loin d'être au-deffous de votre deftinée,
Aprenez que je fuis fils d'un Roi de Guinée.
Je cache un nom fameux fous celui d'Arlequin ;
Et vous voyez en moi le Prince Morachin.

AGATE.

Eh! Qui vous a réduit, Seigneur, dans l'efclavage ?

I 5

ARLEQUIN.

Les injuſtes fureurs d'une Reine ſauvage :
Sa haine m'a contraint d'errer dans l'Univers ;
Et, du ſein des grandeurs, j'ai paſſé dans les fers.

AGATE.

Je vais de votre rang inſtruire la Comteſſe,
Afin qu'en ce château l'on rende à votre Alteſſe,
Prince, tous les honneurs qu'elle peut mériter.

ARLEQUIN.

Tout beau ! Gardez-vous bien de rien faire éclater ;
Pour tout autre que vous, je ſuis Prince anonyme.

AGATE.

C'eſt trop de modeſtie ; & l'ardeur qui m'anime,
M'oblige malgré vous...

ARLEQUIN.

　　　　　　Non, belle Agate, non ;
Je dois tenir cachés mon deſtin & mon nom :
Mes jours ſont en danger, ſi ce ſecret tranſpire.
De grace, en même-tems, gardez-vous de détruire
La croyance où l'on eſt que je ſuis né muet.
S'il étoit détrompé, Dorante me tûroit.

AGATE.

Soit ; je veux juſques-là porter ma complaiſance,
Mais à condition, qu'en un profond ſilence,
Vous tiendrez renfermé votre amour indiſcret.
Si vous dites un mot, adieu votre ſecret.

ARLEQUIN.

Souffrez...

AGATE.

　　　Ne parlez plus ſur ce point qui me touche.

ARLEQUIN.

Mais...

AGATE.

　　　Prince Morachin, je vous ferme la bouche.
Quelqu'un vient. C'eſt Oronte. Allez, retirez-vous.

SCENE IX.

AGATE, ORONTE, ARLEQUIN.

ORONTE.

(à Arlequin.)

BOnjour, charmante Agate. Un moment laissez-
nous ;
Je veux lui parler seul.
ARLEQUIN *bas en s'en allant.*
Malheureux ! Je suffoque.
De nous & de nos feux, la cruelle se moque.

SCENE X.

ORONTE, AGATE.

ORONTE.

L'Éclat de vos beautés augmente tous les ans,
Celui de vos vertus s'accroît en même-tems ;
Et je sens, belle Agate, un plaisir véritable
D'aprendre, en arrivant, que le sort favorable
Récompense des dons si rares & si doux,
Et vous donne un état moins indigne de vous.
Mon cœur, vous le sçavez, vous a toujours chérie ;
Lui seul vous parle ici ; ce n'est point flâterie :
Je suis sincére & vrai dans tout çe que je dis ;
L'Inconnu, plus que moi, n'est pas de vos amis.
AGATE.
Monsieur, de votre estime Agate est trop flâtée,
Son heureuse fortune en paroît augmentée.
L'Anonyme a surpris & surpassé mes vœux ;
Je ne mérite pas ses bienfaits généreux

I 6

ORONTE.

Ah ! Que dites-vous là ? De tant de grace ornée,
Vous ne sçauriez jamais être assez fortunée :
Votre mérite est tel, qu'il les efface tous :
Quelques biens qu'on vous fasse, ils seront au dessous.

AGATE.

Non, je n'en suis pas digne, & je me rens justice;
Le sort devoit, pour moi, se montrer moins propice.
Je ne puis m'acquiter envers mon bienfaicteur.

ORONTE.

Il sera trop payé, s'il obtient votre cœur.
Mais, quoi ! Vous soupirez ? Le bien qu'on vous envoie
Cause votre tristesse, & non pas votre joie ?
D'un juste étonnement mon esprit est frapé.
D'où peut naître aujourd'hui ce soupir échapé ?
Excusez ; mais mon zèle & mon expérience,
De vous parler ainsi, m'ont acquis la licence.
J'ai pris, dans tous les tems, part à vos intérê
Et vous m'avez toujours confié vos secrets.
Qui peut causer en vous ce trouble, belle Agate ?

AGATE.

Ma fierté, qui se joint à la peur d'être ingrate ;
L'une & l'autre à mon cœur livre un fâcheux com-
    bat ;
Sur la reconnoissance il est si délicat,
Que l'excès d'un tel bien l'embarrasse & l'étonne
Il craint de trop devoir à celui qui lui donne.
Ce cœur en même-tems, aussi fier qu'ingénu ,
Gémit de recevoir les dons d'un inconnu :
Quoique sans intérêt sa bonté les lui fasse,
Ce secours qu'il accepte est toujours une grace
Dont le ressouvenir l'avilit en secret ;
Et, s'il bénit la main, il rougit du bienfait.

ORONTE.

Qu'entens-je ? Pouvez-vous rougir d'une largesse
Qu'on fait à vos beautés moins qu'à votre sagesse ?
Songez, qu'à la rigueur, ces presens vous sont dûs ;
C'est un tribut qu'on rend, Agate, à vos vertus :

Ils changent votre fort , fans bleffer votre gloire.
Montrez-vous donc plus gaïe, où vous me feriez croire
Qu'un foin tout différent vous agite aujourd'hui.

AGATE.

Monfieur… Mais Damis vient : je vous laiffe avec lui.

(*Agate s'en va.*)

SCENE XI.

ORONTE, DAMIS.

DAMIS.

EN croirai-je ma vûe ? Eft-ce Oronte ?

ORONTE.

Oui , lui-même.

DAMIS.

Ton retour me ravit, me tranfporte au fuprème.
Après un fi long-tems j'embraffe, quel bonheur !
Un homme que j'eftime & que j'aime de cœur.
Loin de toi , les plaifirs femblent tous s'interrompre ;
On s'ennuïe à périr, & l'on baille à tout rompre.
Ifolé de ta vûe , on ne tient plus à rien ,
Et , fi-tôt qu'on te voit, on eft du dernier bien.

ORONTE.

Quel langage eft-ce-là ? Mais c'eft un idiôme
Que tu parles, je crois, toi feul dans le Royaume ?

DAMIS.

C'eft celui du grand monde & des cercles polis.

ORONTE.

C'eft donc depuis un an que j'ai quitté Paris :
Je te jure qu'alors cet étrange langage,
A la Ville, à la Cour , n'étoit point en ufage.

DAMIS.

Ton goût eft devenu bourgeois, des plus bourgeois.
Les mots dont je me fers , font tous termes de choix.
Je m'exprime au plus pur ; & c'eft la langue unie

Que parle couramment la bonne compagnie :
Oui, la bonne, te dis-je, où l'on épure tout.
ORONTE.
La mauvaise, plûtôt. Tu me pousses à bout.
La bonne compagnie a des clartés plus sûres ;
Tu ne la connois pas, ou tu la défigures :
Et je te dirai, moi, qui ne déguise rien,
Qui l'ai plus fréquenté, & qui suis ton doyen,
Que celle que tu viens de citer avec faste,
Est sa fausse copie, ou plûtôt son contraste.
DAMIS.
Quelle erreur !
ORONTE.
        Je dis vrai. La tienne gauche en tout,
Adopte les faux airs, & suit le mauvais goût ;
Son ton est précieux, sa démarche affectée,
Et son expression est toujours aprêtée :
C'est elle qui fait voir à nos yeux, si souvent,
Le faux Seigneur anté sur le demi-sçavant :
Son sein, du ridicule est la source fertile,
Et de mots hazardés elle séme la Ville ;
Elle produit, par-là, des sots toujours nouveaux ;
Et peuple, tous les ans, Paris d'originaux.
La bonne compagnie, & digne de ce titre,
Du véritable esprit le modèle & l'arbitre,
Différente en tout point, n'affecte aucun jargon ;
Son guide est le bon goût ; sa régle est la raison ;
Elégant sans recherche, & simple sans bassesse,
Son discours réunit l'aisance & la noblesse :
De la mode qu'on outre, elle arrête l'excès,
Et du beau seul qu'elle aime, elle fait le succès :
Son commerce poli, son vernis agréable,
Font le vrai connoisseur, & forment l'homme aimable ;
Qui, sans l'étudier, posséde l'agrément,
Dans le monde qu'il orne, évite également
Le ton de bel-esprit & l'air de petit-maître,
Et juge bien du tout, sans vouloir s'y connoître.
Reconnois le mérite, à des traits si marqués,

Et limites plûtôt que des esprits manqués.
DAMIS.

Ton coloris, mon cher, est mince, du plus mince ;
Et tu t'es enrouillé l'esprit dans la Province :
Tu peins le vieux mérite, & l'homme trivial,
J'en recherche un plus neuf, qui soit original,
Et qui, du singulier se montrant le modèle,
De mots, comme d'habits, sans cesse renouvelle.
La variété charme, & fait que nous brillons :
Caméléons le jour, & le soir papillons,
Nous changeons de couleur, & voltigeons sans cesse.
ORONTE.

Pour aller de travers. Oh ! la plaisante espéce
Qui vole en étourdie, & tombe à tous les bonds !
Des papillons pareils, font de vrais hannetons.
Peut-être un peu trop fort je ris de ta méprise,
Mais, à railler ainsi, la raison m'autorise.
DAMIS.

Je pourrois m'en fâcher à la Ville, à Paris,
Où, dans le sérieux, le moindre terme est pris :
Mais, aux Champs, en Touraine, où l'on peut tout se
      dire,
Je me piête à la chose, & je n'en fais que rire.
Brisons-là. J'ai besoin d'un sage confident,
Et je te choisis.
ORONTE.

      Moi !
DAMIS.

            Je te connois prudent
Ami, j'ai sur les bras une terrible affaire :
A trois beautés ici j'ai le dessein de plaire ;
Je compte y réussir, & me faire un grand nom.
Je veux, tout à la fois, façonner un tendron,
Fixer une coquette, & vaincre une insensible.
ORONTE.

L'entreprise est hardie !
DAMIS.

            Elle l'est au possible.

ORONTE.

Qui font donc les objets de cette triple ardeur?

DAMIS.

La Comteſſe & Lucinde ont part à cet honneur;
Mais un troiſiéme objet qu'avec feu je pourchaſſe,
Les combat dans mon cœur, & ſouvent les en chaſſe.

ORONTE.

Tu n'as pas peu de ſoins !

DAMIS.

                Son pouvoir ſingulier
M'oblige de brûler d'un amour roturier.
La Comteſſe eſt aimable, adorable, charmante;
Mais je donne la pomme à ſa belle Suivante:
Agate (c'eſt ſon nom) porte un de ces minois
Qui captivent un cœur dès la premiére fois.

ORONTE.

Mais, ſçais-tu bien qu'Agate eſt bonne Demoiſelle?
Sur le pied de Suivante, elle n'eſt plus chez elle;
Sa conduite, d'ailleurs, égale ſes apas,
Et dans la bagatelle elle ne donne pas.

DAMIS.

Oh ! Je ſçai comme il faut attaquer cette brune;
Et je joue à jeu ſûr l'homme à bonne fortune.
Je ſçai l'art... Il ſuffit; je ne m'en explique point:
Mais je les réduirai toutes trois à leur point.

ORONTE.

As-tu fait du progrès, déja, près de ces belles?

DAMIS.

Un progrès infini.

ORONTE.

            Comment es-tu près d'elles?
Ne me déguiſes rien : là, parles franchement.

DAMIS.

Plaiſante queſtion ! J'y ſuis excellemment;
Car Agate me fuit, & Lucinde m'évite,
Et, dès que j'ai parlé, la Comteſſe me quitte.

ORONTE.

Grande preuve d'amour !

DAMIS.
     Oui, pour l'œil connoiſſeur.
ORONTE.
La vanité voit tout par le côté flatteur.
Mais c'eſt trop m'occuper de tes frivoles flammes.
Adieu J'entre au châteu pour rejoindre ces Dames.
Je te laiſſes vaquer au ſoin de tes amours :
Va, tu n'as pas de tems à perdre en vain diſcours.
Qui pourſuit trois beautés, doit emprunter des aîles.
DAMIS.
J'ai les jambes, mon cher, auſſi bonnes que belles.
ORONTE.
Qui court plus d'une proye, eſt un mauvais chaſſeur.
DAMIS.
On ne manque jamais, quand on eſt fin tireur.

Fin du ſecond Acte.

ACTE III.

SCENE PREMIERE.

LA COMTESSE, LUCINDE.

LA COMTESSE.

Lucinde, je ne sçai que penser de Dorante,
Et de son froid accueil je ne suis pas contente.
Ah ! Que son entretien est bien loin de l'ardeur
Que sa lettre flatteuse annonçoit à mon cœur !

LUCINDE.

Mais ne vous a-t-il pas confirmé qu'il vous aime !

LA COMTESSE.

Il me l'a dit d'un ton à me glacer moi-même :
Ses yeux indifférens, qu'il détournoit toujours,
Et son maintien forcé, démentoient son discours.

SCENE II.

LA COMTESSE, LUCINDE, DORANTE.

LA COMTESSE à Dorante.

Ah ! Monsieur, vous voilà ! Je parlois de vous-
        même.
Je n'ai rien de caché pour Lucinde que j'aime ;
Et je lui témoignois que j'avois, en ces lieux,
Trouvé votre billet plus tendre que vos yeux ;
Ils rendent foiblement ce qu'il sembloit promettre.

DORANTE.

Non, leur expression enchérit sur ma lettre.

(à Lucinde.)

Ils doivent assurer celle à qui je l'écris,
Que plus je la regarde, & plus j'en suis épris ;
Et pour en être ici pleinement convaincue,
Qu'elle fixe les siens un moment sur ma vûe :
Ils y liront un feu si vif & si flatteur,
Qu'aucun terme ne peut en exprimer l'ardeur.
Je vois, avec transport, qu'elle vient de m'entendre ;
Et j'en ai pour garant le coup d'œil le plus tendre !
Nos regards sont d'accord ; &, dans ce doux moment,
Mon cœur, de leur concert, sent tout l'enchantement.

LA COMTESSE.

Vous voilà tel enfin que desiroit mon ame ;
Et dans vos yeux, les miens trouvent toute la flamme
Qu'ils attendoient, Dorante, & méritoient de vous :
Leur pouvoir est flatté d'un triomphe si doux.

LUCINDE à part.

Ce triomphe est pour moi. La coquette est déçue,
Et mon amour obtient ce qu'elle s'attribue.
Après tous les tourmens qu'elle m'a fait souffrir,
Je vois sa vanité trompée, avec plaisir.

LA COMTESSE.

Rien ne peut égaler l'éclat de ma victoire !
Soyez toujours, soyez le même pour ma gloire.

DORANTE.

Je le serai toujours, & j'en fais le serment.
Oui, le Ciel m'a formé pour aimer constamment :
Et, loin de s'altérer, ma tendresse fidelle
Va recevoir du tems une force nouvelle.
L'objet de mon ardeur gagne par l'examen :
Il est fait pour braver les tiédeurs de l'hymen.
Je vais trop loin, peut-être, en cette circonstance :
Ma bouche feroit mieux de garder le silence :
Mais je commande à peine à mon trouble confus ;
Et, s'il m'étoit permis, j'en dirois encore plus.

LA COMTESSE.
Dorante, mon amour vous permet de tout dire.
DORANTE.
Cet excès de bonté ne peut que m'interdire.

SCENE III.

LES ACTEURS PRECEDENS, AGATE.

AGATE *à la Comtesse.*

Plusieurs danseurs, Madame, & nombre de chan-
teurs
Viennent pour vous offrir leurs talens séducteurs.

LA COMTESSE.
Je vais les arrêter, & ma joie en est grande.

AGATE *à Dorante.*
Monsieur, en même-tems, un courier vous demande.

DORANTE *à part.*
Le Ciel l'envoye exprès pour m'ôter d'embarras !
(*à la Comtesse.*)
Je vous quitte ; pardon.

(*Il sort.*)

LA COMTESSE.
Nous marchons sur vos pas.
(*Elle s'[illegible] avec Lucinde.*)

SCENE IV.

DAMIS, AGATE.

DAMIS.

Je vous trouve isolée, & je m'en félicite,
Engageons le discours, mon aimable petite.
Hem ? Comment va le cœur ? Que dit-il de nouveau ?

AGATE.

Mais il dit aujourd’hui.... que le jour eft fort beau.

DAMIS *d’un air myftérieux.*

Il eft vrai Sçavez-vous encore une nouvelle ?

AGATE.

Non, Monfieur.

DAMIS.

Le mien dit que vous êtes plus belle.
Oui, plus belle, en effet, que ce jour radieux.

AGATE.

Monfieur....

DAMIS.

Rien n’eft égal au brillant de fes yeux :
Elle a l’air diftingué, diftingué, pleine de grace ;
Il promet de l’efprit du plus fin qui fe faffe :
Cela fait, de tout point, le plus joli fujet ;
Et trois de mes leçons vont le rendre parfait.

AGATE.

De vos leçons !

DAMIS.

Leçons de bonne compagnie ;
Qui vont faire de vous une fille accomplie,
Et vous diftingueront des gens de votre état.

AGATE *à part.*

Avec fon air pincé, l’infuportable fat !

DAMIS.

Je veux préfentement vous donner la premiére.
Seyez-vous avec moi, ma brillante écoliére ;
Seyez-vous, le fauteuil arrange l’entretien,
Et l’on converfe, affis, finguliérement bien.

AGATE *à part.*

De m’affeoir un moment ayons la complaifance ;
Pour voir de fon efprit toute l’extravagance.

DAMIS.

Comme de mes leçons il faut ne perdre rien,
Aprochez un peu plus votre fiége du mien.

AGATE.

Je fuis fort bien ainfi ; laiffez-moi, je vousprie

DAMIS.

Mais aprenez qu'il faut se prêter dans la vie.

AGATE.

J'aime à prendre de loin de pareilles leçons.

DAMIS.

Du brusque dans l'humeur ! Corrigez ces façons;
Elles visent au dur, ce ne sont pas les bonnes :
Il faut plus de liant dans les jeunes personnes;
Et la vertu de mode, est la docilité.
Vous avez, en partage, esprit, grace, beauté ;
Mais, pour les secourir, & les mettre en lumiére,
Il vous faut….

AGATE.

Quoi, Monsieur ?

DAMIS.

Aprêt, jargon, maniére,

AGATE.

Mais, l'aprêt, le jargon.…

DAMIS.

Mais c'est le goût courant.
Les graces sans aprêt, sont d'un uni trop grand;
La beauté sans maniére, offre un éclat barroque,
Et l'esprit sans jargon, est d'un bourgeois qui choque,

AGATE.

Moi, j'avois crû, Monsieur, jusques à cet instant,
Le jargon ridicule, & l'aprêt révoltant.

DAMIS.

Vieille erreur !

AGATE.

Daignez donc m'expliquer chaque terme;
Je brûle d'être au fait du vrai sens qu'il renferme.

DAMIS.

Je vais vous satisfaire, & ce discours me plaît.

AGATE

Qu'entendez-vous d'abord par le terme d'aprêt ?

DAMIS.

L'aprêt : écoutez bien, le vrai, celui de France,
Autrement apellé l'aprêt par excellence,

Est ce ce vernis flatteur qui , déguisant le faux ,
Exagére la grace , & soustrait les défauts ;
Décore le beau sexe , & préside aux toilettes ;
Donne à l'ajustement des tournures parfaites ;
Renferme l'art profond d'arranger un cheveu ,
De bien mettre une épingle , & de bien faire un nœud;
Communique du vif à la blonde mourante ,
Et répand certain doux sur la brune piquante ;
Aux charmes naturels rend l'agrément acquis ,
Et des graces du tems forme le coloris :
Sans lui , dans ses projets une belle s'égare ,
L'agrément ne prend plus , si l'on ne le prépare.

AGATE.

Mais on m'a dit toujours que l'art le détruisoit.

DAMIS.

Votre grande maman jadis vous le disoit.
Le jargon , je vous prie , attention profonde ,
L'art de bien converser , le précis du beau monde ,
Se trouvent renfermés dans ce terme important :
Le jargon qu'il emploie , & que lui seul entend ,
Est singuliérement l'art incompréhensible
De s'exprimer au mieux , & de dire au possible;
Et , comme ce jargon renouvelle chaque an ,
Tout mot fraîchement fait est un vrai talisman :
Celui du jour , sur-tout , pour peu qu'on le répéte ,
D'enchanter pleinement a la vertu secrette ;
Il sçait mettre en crédit les discours *brillantés* ,
Et donner de la vogue à des *frivolités*.
De ce jargon divin la force est infinie ,
Et , du grand monde , on peut l'apeller la magie.

AGATE.

Il en est le grimoire incontestablement ,
Et vous le possédez très-singuliérement.

DAMIS.

Oui , singuliérement ; vous saisissez le terme ;
Et , du goût pour le vrai , je vois en vous le germe ;
Mais ce n'est pas assez de sçavoir le jargon ,
Il faut , pour le bien rendre , il faut encore un don.

AGATE.

Et quel don , s'il vous plaît ?

DAMIS.

C'est le ton , belle Agate ;
Ce ton supérieur qui subjugue & qui flatte ;
Ce ton maître de tout , arbitre des succès
A la Cour , à la Ville , au Théâtre , au Palais ;
Qui soutient la parole & lui donne la vie,
Et fait passer l'esprit dans les sons qu'il varie :
Par lui le trivial du neuf prend la couleur ,
Et , sans lui , le brillant perd toute sa lueur.
Vous employez en vain une frase d'élite,
Si le ton distingué n'en rend tout le mérite ;
A l'image du mot il doit être ajusté.
La conversation est un livre noté ;
Il faut prendre le ton pour y faire harmonie ;
Autrement , l'entretien devient monotonie.
Tout le feu renfermé dans une expression ;
Qui nous le fait sentir ? C'est.... c'est l'inflexion.
Que je dise uniment : Agate a ma tendresse ;
Sa beauté me ravit , sa taille m'intéresse,
Ses yeux ont , pour charmer , un jargon singulier ;
Son maître d'agrément devient son écolier.
Ce discours dénué du ton vif , pathétique,
Perd sa grace intrinsèque & sa force énergique ;
Mais qu'à ces mots flatteurs je joigne l'action,
Et que j'en rende ainsi toute la passion ,
En me tournant vers vous : Agate a ma tendresse ;
Sa beauté me ravit , sa taille m'intéresse,
Ses yeux ont , pour charmer , un jargon singulier ;
Son maître d'agrément devient son écolier.
Hem ? Ne sentez-vous pas que le ton qui l'enflamme
Rend la chose au plus tendre , & lui prête de l'ame ?
Du jargon singulier , ce ton original ,
Au langage des yeux donne un prix sans égal.
Sa taille m'intéresse : inflexion mourante ,
Qui peint le doux pouvoir d'une taille touchante.

AGATE.

AGATE *se levant avec dépit.*
A ce dernier discours je me sens émouvoir.

DAMIS

Ah ! De l'inflexion vous sentez le pouvoir !
Je suis... je suis comblé ! Vous avez l'ame tendre ;
Vous donnez de l'amour, & vous devez en prendre.
Cet aveu détourné que je fais en ce jour,
Entre nous, part du cœur, & mérite un retour :
Je l'attends.

AGATE.

C'est à tort, & votre ame est déçûe :
C'est d'un juste dépit que je parois émûe.
Je ne ressens pour vous que beaucoup de froideur,
Monsieur ; & ce discours, entre nous, part du cœur.

DAMIS.

Mais vous devez m'aimer ; & ce propos m'étonne.
Mon esprit, mes façons, mon air & ma personne,
Tout vous invite...

AGATE.
A fuir.

DAMIS.
Non, non, vous m'aimerez ;
Tout gît dans la maniére : & lorsque vous sçaurez...

AGATE.

Je ne veux rien sçavoir sur pareille matiére ;
Le ton m'a dégoûté, Monsieur, de la maniére.

DAMIS.

A ce que vous ferez, prenés garde à present.
Je vous offre à la fois l'utile & l'amusant :
Je prétends & je puis faire votre fortune.

AGATE.

Ma fortune, Monsieur !

DAMIS.
Qui sera peu commune ;
Et je veux vous donner un état, qui plus est ;
Il unit le plaisir, la gloire & l'intérêt.
Des amours près de vous assemblant le cortége,
Il vous fera jouir de l'heureux privilége

Tome IV.   K

D'en goûter les douceurs même avec dignité,
Et de vous enrichir de votre volupté.
Vous verrez à vos pieds la jeuneſſe de France,
Et vous ſaccagerez le corps de la Finance ;
Et, pour mettre le comble à vos contentemens,
Vous aurez du Public les aplaudiſſemens.

AGATE.

Quel eſt donc cet état ſi brillant ?

DAMIS

                                          Le Théâtre,
Où vos apas rendront tout Paris idolâtre.

AGATE.

Monſieur, en vérité, m'honore infiniment.

DAMIS.

Le préjugé, ſur vous, agit en ce moment.
Vous craignez le mépris que l'erreur adoptée.

AGATE.

Non : par vous ma ſurpriſe eſt mal interprétée,
Une Actrice qui joint la ſageſſe aux talens,
Mérite, ſelon moi, les égards les plus grands ;
Elle eſt, par ſa vertu, d'autant plus élevée,
Que par l'occaſion elle eſt plus éprouvée.
Je n'en crois pas, Monſieur, les eſprits prévenus.
J'eſtime le Théâtre, & j'en blâme l'abus ;
Son art eſt en lui-même un art très-eſtimable :
C'eſt le défaut de mœurs qui le rend mépriſable ;
Le vice fait lui ſeul, quoiqu'il ſoit protégé,
La honte d'un Etat, & non le préjugé.

DAMIS.

Morale hors d'uſage, & qui n'eſt que ſenſée.
La ſageſſe au Théâtre eſt gauche & déplacée ;
Tous les gens du bel air ſont de çe ſentiment.

AGATE.

Je fais gloire, Monſieur, de penſer autrement.
Vous vous êtes mépris dans votre fauſſe attente,
Et je ſuis de vos feux la très-humble ſervante.

DAMIS.

Puiſque vous le prenés ſur ce ton de hauteur,

C'eft moi de vos mépris qui fuis le ferviteur.
A votre mauvais goût Damis vous abandonne,
Et je vous brufque en plein, ma petite perfonne.
(Il fort.)

SCENE VI.

AGATE feule.

QUe dans un autre tems je l'aurois badiné !
Mais vers d'autres objets mon cœur eft entraîné.
Que ne puis-je étouffer l'ardeur qui me furmonte,
Et rendre à l'Inconnu !... Mais j'aperçois Oronte.

SCENE VII.

ORONTE, AGATE.

ORONTE.

AGate, je vous cherche avec empreffement ;
Nous voilà feuls, je puis vous parler librement.
C'eft de la part...

AGATE.
De qui, Monfieur ?

ORONTE.
De l'anonyme,

AGATE.
Quoi ! Vous le connoiffez ?

ORONTE.
Oui ; je fuis fon intime.
Comme nos intérêts furent toujours liés,
Qu'il fçait, d'ailleurs, en moi que vous vous confiez ;
Et que je vous connois dès l'âge le plus tendre,
Dans un Billet qu'on vient à l'inftant de me rendre,

Il se découvre à moi sous le sceau du secret,
Et m'écrit qu'il attend de mon zèle parfait,
Que je vous parlerai sur un point qui le touche.
Il espére par moi sçavoir de votre bouche
Quels sont vos sentimens qui régleront les siens :
C'est son propre discours ici que je vous tiens :
Dans toute leur franchise il prétend les connoître,
Et décider par eux s'il doit enfin paroître.
Si votre cœur est libre, & peut être obtenu,
A vos pieds, au plûtôt, vous verrez l'inconnu;
Il sera trop heureux d'unir son sort au vôtre :
Mais, si ce même cœur sent du goût pour un autre,
Il est si délicat, Agate, sur ce point,
Qu'il restera caché pour n'y prétendre point;
Et n'apréhendés pas qu'un tel aveu l'offense :
Non, il redoublera plûtôt sa bienveillance;
Et, pour récompenser cet effort vertueux,
Il hâtera, sous main, le bonheur de vos feux.
Je demande pour lui que vous soyez sincére;
Son amitié de vous ne veut que ce salaire :
Ouvrez-moi donc votre ame, & songés qu'aujourd'hui
Son repos en dépend & le vôtre avec lui.

A G A T E.

Ce discours me surprend, & je reste interdite.

O R O N T E.

Ce trouble accompagné d'une rougeur subite,
Etonne mes esprits, & m'arrête à mon tour !
Seroit-il en l'effet l'ouvrage de l'amour ?
Belle Agate, parlés, la chose est importante.
Vous ne répondez rien, & votre trouble augmente.
Ah ! Je le vois, un autre a surpris votre cœur,
Et j'en ai pour garant ce surcroît de rougeur.

A G A T E.

A quelle extrêmité, réduisez-vous Agate ?
Malgré moi, ma foiblesse en cet instant éclate.
Je voudrois, mais en vain, vous déguiser mon feu;
Votre ascendant sur moi m'en arrache l'aveu.

ORONTE.

Ce coup, pour mon ami, m'afflige au fond de l'ame.
Mais, quoiqu'un tel aveu soit contraire à sa flamme,
Il vous en tiendra compte & son bien l'exigeoit.

AGATE.

C'est d'un prix bien cruel payer ce qu'il a fait !

ORONTE.

Celui que vous aimez est sans doute estimable.

AGATE.

Oui ; par ses qualités il est recommandable.
Du seul discernement mon amour est le fruit :
Mon cœur, dans un tel choix, n'a pas été séduit
Par l'éclat passager d'une vaine jeunesse ;
Au mérite éprouvé j'ai donné ma tendresse.
Je me crois d'autant plus excusable aujourd'hui,
Que le feu qu'il m'inspire a la raison pour lui.
Ce qui me flatte seul, dans ma fortune insigne,
C'est que d'un tel Amant elle me rend plus digne,
Qu'elle donne du lustre à mes foibles apas,
Et, pour lier nos cœurs, raproche nos Etats.
Mais où va m'égarer l'espoir vain qui me flatte ?
Je ne sçaurois former ces vœux sans être ingrate ;
Et l'Auteur généreux d'un changement si doux,
M'en défend la pensée, & doit les fixer tous.

ORONTE.

Non, quoiqu'en son amour l'inconnu soit à plaindre,
Il doit combler vos vœux, & non pas les contrain-
    dre.

AGATE.

Ah ! C'est à moi plûtôt d'éteindre mon ardeur ;
Le tems & mon devoir dégageront mon cœur ;
Il doit de ses bienfaits être la récompense,
Et j'immolerai tout à la reconnoissance :
J'espére y réussir d'autant plus aisément,
Que l'objet de mes feux ignore en ce moment
Le triomphe secret qu'il obtient sur mon ame ;
Et lui-même est bien loin de répondre à ma flamme !
Pressés donc l'inconnu de venir en ces lieux :

Que pour m'aider à vaincre il paroisse à mes yeux;
Son aspect desiré hâtera ma victoire.

ORONTE.

Je suis, pour l'en presser, trop jaloux de sa gloire.
Je le prierai plûtôt de ne pas se montrer.

AGATE.

Vous avez tort, Monsieur; vous pouvez l'assurer...

ORONTE.

Non, Agate, il n'est plus dans la saison de plaire;
Sa presence feroit un effet tout contraire.

AGATE.

Mais quel âge a-t-il donc?

ORONTE.

Le mien exactement;
Et nous nous ressemblons en tout parfaitement.
Je vois qu'à ce portrait vous gardez le silence :
L'inconnu vous déplaît sur cette ressemblance ;
Et je vais lui marquer qu'il est enfin haï.

AGATE.

Arrêtés ! N'allés pas abuser votre ami.

ORONTE.

Quoi! Ses traits vous plairont?

AGATE.

N'en doutez plus vous-même,
Puisqu'ils ressembleront, Monsieur, à ceux que j'aime.

ORONTE.

Qu'entens-je?

AGATE.

Qu'ai-je dit dans mon égarement!

ORONTE.

Mes traits sont-ils pareils à ceux de votre Amant?
Que je serois heureux, dans ce jour qui m'allarme ,
Si moi-même j'étois cet Amant qui vous charme !

AGATE.

Il est trop vrai. Je dois rougir de mes transports.

ORONTE.

Sortés d'erreur, Agate, & calmés vos remords;
Vous pouvez vous livrer à votre amour sans honte

Voyez, à vos genoux, l'Inconnu dans Oronte.
AGATE.
Oh, bonheur surprenant ! Il remplit mes souhaits ;
Et j'ai donné mon cœur à qui je le devois.
Je trouve mon Amant dans mon bienfaiéteur même :
Ma fortune s'accroît, faite par ce que j'aime ;
Et la reconnoissance est un tribut bien doux,
Quand l'amour l'a fait naître & l'exige de nous !
ORONTE.
Non, non, ce n'est plus vous qui m'êtes redevable ;
Votre main est un bien d'un prix inestimable :
J'ai voulu, pour l'avoir, consulter votre goût ;
Et, puisque vous m'aimez, c'est moi qui vous dois tout.

SCENE VIII.

AGATE, ORONTE, LA COMTESSE, DAMIS.

LA COMTESSE.
Ciel ! Quelle est ma surprise ! Oronte aux pieds
d'Agate !
DAMIS.
A juger par son air, cet hommage la flatte.
AGATE *à Oronte.*
La Comtesse & Damis tournent ici leurs pas,
Oronte, levez-vous.
DAMIS *à Agate.*
Ne vous dérangez pas ;
Je vois qu'à ses leçons vous êtes plus docile.
AGATE.
J'y trouve l'agréable, & l'honnête, & l'utile ;
Les vôtres ne tendoient qu'à séduire mon cœur,
Et les siennes ne vont qu'à faire mon bonheur.
Madame, pardonnés, à cet aveu sincére ;
Mais vos propres conseils m'enseignent à le faire.

Monſieur eſt l'inconnu qui m'a comblé de bien ;
Son amour généreux mérite tout le mien.

LA COMTESSE.

Que m'aprend-on, Monſieur ? Vous êtes l'anonyme !
Un ſi beau trait pour vous redouble mon eſtime.

ORONTE à la Comteſſe.

Je mets toute ma gloire à me voir ſon époux :
J'attends votre agrément pour un lien ſi doux.

LA COMTESSE.

J'y conſens avec joye, & je la félicite :
Son deſtin eſt heureux, mais elle le mérite.

DAMIS à part.

Lucinde me conſole, & j'en ſuis adoré.

SCENE IX.

LES ACTEURS PRECEDENS, LUCINDE, DORANTE.

DORANTE à Lucinde, au fond du Théâtre.

MOn Pere aprouve enfin notre hymen ignoré ;
Cléon, par un Courier, m'aprend cette nouvelle.

LA COMTESSE.

Lucinde vient ici ; Dorante eſt avec elle !
D'où naît l'enchantement qui paroît dans leurs yeux ?

DAMIS.

Ils ſe parlent de près.

LA COMTESSE.

Que vois-je ? Juſtes Cieux !
Il lui baiſe la main !

DAMIS.

Elle le laiſſe faire !

DORANTE à Lucinde.

De ma félicité ne faiſons plus myſtére,
Je puis la publier au gré de mon amour.

LUCINDE.

Je dois faire éclater ma tendreſſe à mon tour ;
Le plaiſir le plus vif a pénétré mon ame.

LA COMTESSE.

Je ne puis retenir le dépit qui m'enflâme.

(à *Lucinde.*)

Courage, pourſuivez cet amoureux tranſport.
Vraiment, de vos froideurs vous vous corrigez fort.

LUCINDE.

Oui, Dorante ſur moi remporte la victoire.

LA COMTESSE.

Vous n'en rougiſſez pas ?

LUCINDE.

Non, j'en fais plûtôt gloire.
Je puis marquer pour lui tout l'amour que je ſens,
En dépit des jaloux, en tous lieux, en tout tems.
Dans l'éclat du grand jour, dans l'ombre du ſilence,
Sans bleſſer la vertu, ſans choquer la décence ;
Et même l'embraſſer en preſence de tous,
Puiſque ma flamme eſt juſte, & qu'il eſt mon époux.

DAMIS.

Ah ! C'eſt un guet-à-pan !

LA COMTESSE.

Ciel ! Que viens-je d'entendre !

LUCINDE à *la Comteſſe.*

Je vous frape à regret par l'endroit le plus tendre :
Mais, puiſqu'il faut trancher les diſcours ſuperflus,
Des motifs importans qui ne ſubſiſtent plus,
Me forçant à tenir notre union cachée,
De vous déſabuſer m'ont tantôt empêchée.

DAMIS à *Lucinde.*

Mais l'ingrat dont tantôt vous vous plaigniez ſi fort ?...

LUCINDE.

C'eſt mon mari, Monſieur, que j'accuſois à tort.

DAMIS.

Ce coup, pour tous les deux, eſt aſſommant, Comteſſe.

LA COMTESSE.

Il cauſe ma ſurpriſe, & non pas ma triſteſſe.

Je vois cette union d'un regard de pitié ;
Et Dorante est puni, puisqu'il est marié.
Pour m'en dédommager, j'ai plus d'une conquête.
J'ai fait dans ce château préparer une fête ;
Je veux, pour faire voir que je ris de ces nœuds,
Je veux qu'à l'inftant même elle ferve pour eux :
Je prétens, qui plus eft, y danfer la premiére.

D A M I S.

Je vous imiterai ; c'eft la grande maniérc.

O R O N T E à *Damis.*

Hé bien, l'événement a trompé ton efpoir.
Dorante à la Comteffe a plû fans le vouloir :
Il poflède Lucinde, & j'époufe ta brune.
De trois belles, mon cher, te voilà fans aucune.

D A M I S.

Va, je ne me tiens pas encore pour battu ;
Mes charmes prévaudront fur toute leur vertu.

(à la Comteffe.)

L'affront nous eft commun, & ma caufe eft la vôtre.

L A C O M T E S S E.

Oui, pour venger nos droits, liguons-nous l'un & l'autre.

D A M I S.

Nous fommes beaux tous deux ; employons nos at-
traits
Pour ôter à l'hymen les vols qu'il nous a faits.
Forçons-les tous les quatre à brûler d'autres flammes :
Ayez foin des maris, je me charge des femmes.

SCENE DERNIERE.

DIVERTISSEMENT.

LE CHANTEUR, LES DANSEURS, LES DANSEUSES.

LE CHANTEUR.

Jeunes Beautés, tendres Amans,
Dont l'ame est, en secret, éprise,
Venez à petit bruit dans ces Jardins charmans ;
Venez, la nuit vous favorise :
Sous un masque emprunté profitez des momens.
Ne craignez point les feux dont brillent ces retraites ;
Leurs clartés, bien loin d'être faites
Pour éclairer les yeux jaloux,
Ne jettent un éclat si doux,
Que pour guider les pas des Bergéres discrétes.

Jeunes Beautés, tendres Amans,
Dont l'ame est, en secret, éprise,
Venez à petit bruit dans ces Jardins charmans ;
Venez, la nuit vous favorise :
Sous un masque emprunté profitez des momens.

VAUDEVILLE.

LE CHANTEUR.

I.

Par aventure qu'un Epoux
Trouve sa femme en rendez-vous
Avec un Abbé qu'elle estime ;

S'il est un sot , il fait du bruit ;
S'il a du monde & de l'esprit,
    Il garde l'anonyme.

I I.

Que sur un ouvrage goûté
Un rimeur soit félicité ,
A l'avouer l'orgueil l'anime ;
Mais, Auteur d'un couplet mordant ;
S'il en reçoit un prix cuisant,
    Il garde l'anonyme.

I I I.

Qu'un Gascon parvienne aujourd'hui
Par le beau sexe son apui ,
Son discours bruyant nous l'exprime ;
Mais au jeu, par un art heureux,
S'il corrige le sort fâcheux ,
    Il garde l'anonyme.

AU PARTERRE.

Si , par bonheur, la Piéce a pris ,
Messieurs , par un aimable *bis* ,
Que votre bouche nous l'exprime ;
Si l'ouvrage ne vous plaît pas ,
Arlequin vous prie, en ce cas ,
    De garder l'anonyme.

Fin du quatriéme Tome.